新编21世纪高等职业教育精品教材
婴幼儿托育服务与管理系列

婴幼儿
学习与发展

主　编／杨　扬
副主编／任刊库　赵　佼　李　青　吴媛媛
参　编／聂红仙　文　静　裴琬莹　张晶慧
倪晓颖　张婧婕　李紫晗　俞美娟

中国人民大学出版社
·北京·

图书在版编目（CIP）数据

婴幼儿学习与发展 / 杨扬主编. -- 北京 : 中国人民大学出版社，2025. 5. --（新编 21 世纪高等职业教育精品教材）. -- ISBN 978-7-300-33706-7

Ⅰ. G61

中国国家版本馆 CIP 数据核字第 20251JT601 号

新编 21 世纪高等职业教育精品教材 · 婴幼儿托育服务与管理系列

婴幼儿学习与发展

主　编　杨　扬

副主编　任刊库　赵　佼　李　青　吴媛媛

参　编　聂红仙　文　静　裴琬莹　张晶慧　倪晓颖　张婧婕　李紫晗　俞美娟

Yingyou'er Xuexi yu Fazhan

出版发行	中国人民大学出版社		
社　　址	北京中关村大街 31 号	邮政编码	100080
电　　话	010－62511242（总编室）		010－62511770（质管部）
	010－82501766（邮购部）		010－62514148（门市部）
	010－62511173（发行公司）		010－62515275（盗版举报）
网　　址	http://www.crup.com.cn		
经　　销	新华书店		
印　　刷	北京溢漾印刷有限公司		
开　　本	787 mm × 1092 mm　1/16	版　　次	2025 年 5 月第 1 版
印　　张	13	印　　次	2025 年 5 月第 1 次印刷
字　　数	206 000	定　　价	46.00 元

前言

随着社会的进步，家庭和托育机构对于婴幼儿的期望也逐渐提高。婴幼儿需要更全面、更系统的教育和照护来迎接未来的挑战。然而，在日益复杂多变的社会环境下，婴幼儿教育者和家长面临着种种困扰和问题。面对这些挑战，我们怀着对婴幼儿教育和照护的热爱和责任感，致力于创作一本内容全面、权威可信的教材，以期为婴幼儿教育和照护提供科学依据和实践指南，《婴幼儿学习与发展》正是在这一背景下应运而生。

本教材以习近平新时代中国特色社会主义思想为指导，深入贯彻党的二十大精神，旨在为广大婴幼儿教育工作者、家长以及对婴幼儿成长发展感兴趣的读者提供一份全面而系统的学习资源，从而为培养高质量的婴幼儿教育和照护人才奠定基础。本教材集合了教育学、心理学、发展学等多个学科领域的知识，旨在帮助读者深入了解婴幼儿的认知、语言、社会情感、身体运动、艺术创造等各方面的发展，并为婴幼儿教育者提供科学的指导和实用的方法。每一章都结合了最新的学术研究成果和实际案例，旨在帮助读者深入了解婴幼儿发展的本质，从而更好地指导实际教学和家庭教育。

本教材具有以下鲜明特色：

（1）关注个体差异。我们强调了婴幼儿个体差异的重要性。每个婴幼儿都是独特的个体，有着自己的特点和需求。本教材不仅关注了一般性的发展规律，还特别关照了婴幼儿个体发展过程中可能遇到的特殊情况，如特殊教育需求等，为读者提供了个性化教育的视角和方法。

（2）理论与实践相结合。本教材将理论知识与实际教学经验相结合，不仅介绍了最新的学术研究成果，还提供了丰富多样的教学案例和活动设计。我们希望读者在学习理论知识的同时，能够具体了解如何将这些知识运用到实际教学中，使之更具指导性和实用性。

（3）跨学科内容融合。本教材汇集了教育学、心理学、发展学等多个学科领域的知识。我们希望读者能够通过多个角度来理解婴幼儿发展，形成更全面、更立体的视角。跨学科的内容不仅能够满足专业人士的需求，也方便了家长等非专业读者的阅读和理解。

本教材的编写联合了北京、陕西、云南、广西、湖北等地多所高校教师共同完成。同时，得益于众多一线婴幼儿照护人员、学者的支持和参与，本教材才得以顺利完成。

最后，我们希望本教材能够成为一本启迪思想、指导实践、促进交流的读物，让婴幼儿教育工作者、家长以及学术研究人员从中汲取到有益的知识，获得启发，从而更好地促进婴幼儿的全面发展。

让我们共同致力于婴幼儿教育事业，为每一个孩子创造更美好的未来！

编者

目录

第一章 绪论

学习目标

知识目标

1. 了解婴幼儿时期的重要性。

2. 熟悉婴幼儿时期的特征。

3. 了解婴幼儿学习与发展的相关理论。

能力目标

1. 能够分析婴幼儿时期学习与发展的影响因素。

2. 能够分析和评估婴幼儿学习与发展的特点和需要。

素养目标

1. 培养对婴幼儿个体差异的尊重和理解，提高在教育工作中的敏感性。

2. 培养创造性思维，能够设计出多样化、启发性的婴幼儿教育活动。

3. 培养关心婴幼儿心理和神经发展的意识，提高对婴幼儿学习和成长的关注度。

案例导入

在一个托育机构的教室里，工作人员小明正在组织一场多元智能启发活动。他将房间装扮成了一个充满创意和发现的游戏空间。有一个角落是音乐区，放置着各种乐器；另一个角落摆放了一些益智拼图和立体积木；还有一个绘画角，墙上挂满了彩色的画纸和画笔。教育者在角落里摆放了几本吸引人的图书，供孩子们阅读。

当孩子们进入教室时，他们被这个丰富多样的环境吸引住了。小明鼓励他们自由活动，每个孩子都找到了自己感兴趣的区域，开始了探索和学习。

问题： 为什么提供多样化的学习环境和活动对婴幼儿的发展至关重要？它是如何影响婴幼儿的认知、情感和社交发展的呢？

第一节　婴幼儿时期的重要性

一、关于婴幼儿时期的内涵

婴幼儿时期是生命周期中的一个阶段，在本书中主要指的是从出生到 3 岁这个时间段。在这个时期，婴幼儿经历了迅速的生长和发育，包括身体、认知、语言、社交和情感等多个方面。婴幼儿时期在一个人的生命中至关重要，是一个人生命中非常关键的阶段，对个体的身体、智力、情感和社交发展会产生深远影响。

（一）婴幼儿时期是大脑发育的关键时期

婴幼儿时期是大脑发育的关键时期。婴儿的大脑在出生后迅速发展，形成神经连接的基础。在这个时期，大脑对外部刺激和经验高度敏感，婴幼儿时期的学习和经历对大脑结构和功能的发展会产生深远影响。

（二）婴幼儿时期是认知和语言发展的基础阶段

在这个时期，婴幼儿会学会语言、感知、记忆和问题解决等基本认知技能，这些技能在未来的学习和社交中起着重要作用。

（三）婴幼儿时期是建立安全的依恋关系的关键时期

早期与父母或主要照顾者的亲密互动和关爱，能够帮助婴幼儿建立安全感，对婴幼儿的情感健康和人际关系的发展具有深远影响。

（四）婴幼儿时期是社交和情感发展的基础

在婴幼儿时期，婴幼儿开始建立社交技能和情感表达能力。早期的社交经验和情感发展对婴幼儿的自信心、合作能力和情感调节能力产生影响。

（五）婴幼儿时期是习得基本生活技能的关键时期

婴幼儿时期，婴幼儿开始习得基本的生活技能，如饮食、穿衣、卫生等。这些技能对婴幼儿的独立性和自主性发展至关重要。

（六）婴幼儿时期是早期干预对后续发展影响的关键期

早期的干预和教育可以帮助婴幼儿克服潜在的发展障碍，提高学习能力，培养积极的行为和习惯，为将来的学习和生活奠定良好基础。

二、婴幼儿时期的特征

（一）生理特征

婴儿期（0～1岁）：婴儿对外界环境高度依赖，主要通过吸吮、触摸和听觉来感知世界。

幼儿期（1～3岁）：幼儿期是婴幼儿时期的后半段，这一时期的幼儿开始学会行走、探索周围环境，语言能力迅速发展，同时也开始建立社交关系。

（二）认知和语言发展

婴幼儿时期是大脑发育最为迅速的时期之一。在这个时期，婴幼儿开始学习认知技能，包括感知、记忆、问题解决等。语言发展在婴幼儿时期非常重要。婴幼儿从简单的声音和单词开始，逐渐学会构建句子，表达自己的需求和情感。

（三）社交和情感发展

在婴幼儿时期，婴幼儿开始建立亲密的社交关系，主要是与家庭成员之间的互动。情感发展在这个阶段也非常显著，婴幼儿学会认识和表达自己的情感，同时也开始理解和回应他人的情感。

（四）运动和协调能力

婴幼儿时期是运动发展的关键时期。婴儿从学会抬头、翻身，逐渐发展到学会坐、爬、站立和行走等基本运动技能。运动和协调能力发展不仅仅是身体能力的提高，也与婴幼儿的认知和社交发展密切相关。

（五）家庭和社会环境的重要性

家庭和社会环境对婴幼儿时期的发展至关重要。温暖、支持性的家庭环境和积极的社会互动可以促进婴幼儿的健康发展。

早期教育、亲子关系和社会参与等因素都会影响婴幼儿的成长和学习。

总的来说，婴幼儿时期是一个非常关键的阶段，对一个人的整个生命发展具有深远影响。在这个时期，提供良好的照顾、早期教育和支持性的环境对婴幼儿的身体、智力、情感和社交发展至关重要。

三、婴幼儿时期学习与发展的影响因素

婴幼儿时期学习与发展的影响因素非常多样化，包括遗传因素、家庭因素、社会文化因素、环境因素、早期教育和刺激、健康和营养等多个层面。

（一）遗传因素

遗传因素是婴幼儿时期发展的基础。基因决定了婴幼儿的生理特征、智力潜力和心理特点。就基因层面而言，婴幼儿可能继承到父母的特定特质，如智力、身高、体质等。遗传因素也在一定程度上影响了婴幼儿的学习方式、学科偏好和学习速度。

（二）家庭因素

家庭是婴幼儿最早的学习环境。在家庭中，父母的教养方式、亲子关系和家庭氛围都会对婴幼儿的发展产生深远影响。父母的支持和鼓励能够激发婴幼儿的学习兴趣，温馨的家庭环境有助于培养婴幼儿的安全感和自尊心。

（三）社会文化因素

不同文化背景下的教育观念、价值观念和社会期望会对婴幼儿的学习态度和认知水平产生重大影响。文化传统和社会文化环境塑造了婴幼儿的行为模式、人际交往方式和学习动机。社会文化因素还包括婴幼儿所处社区的资源和支持，如教育机构、图书馆、公共服务等。

（四）环境因素

周围环境对婴幼儿的学习和发展具有直接影响。健康的生活环境、饮食状况、空气质量和社区安全都是婴幼儿成长的重要环境因素。适当的锻炼和户外活动也能够促进婴幼儿的身体发育和认知能力发展。

（五）早期教育和刺激

早期教育和适当的刺激对婴幼儿的智力、社交、语言和运动能力发展至关重要。通过早期教育活动、游戏和社交互动，婴幼儿能够培养自己的学习兴趣、解决问题的能力和合作精神。这种刺激也有助于大脑的神经连接和认知发展。

（六）健康和营养

健康的身体和良好的营养状况是婴幼儿发展的基础。婴幼儿时期的营养摄入对身体和大脑发育至关重要。充足的睡眠、均衡的饮食和适当的锻炼能够增强婴幼儿的免疫系统、提高学习效果，并促进身体各系统的健康发展。

婴幼儿时期学习与发展的影响因素是一个复杂而多层次的系统。合理引导这些因素，为婴幼儿提供丰富多样的学习和社交经验，建立支持性的家庭和社会环境，能够最大限度地促进婴幼儿健康、全面地发展。

第二节　婴幼儿学习与发展的关系及意义

婴幼儿时期的学习与发展是一个多方面、多层次互动的过程。早期的学习体验和环境刺激直接影响婴幼儿的身体、智力、情感和社交发展，为其未来的学习和生活打下坚实基础。教育者和家长在婴幼儿时期的学习中发挥关键作用，需要提供支持性的学习环境、引导性的学习经验，并激发婴幼儿的学习兴趣和创造力。

一、学习与婴幼儿身体发育的关系

在婴幼儿时期，身体发育和学习密切相关。运动学习、感知觉发展和手眼协调等技能的培养都需要特定的学习经验。学习适当的动作和姿势，如爬行、站立和行走，不仅对婴幼儿的生理发展有益，还能够促进大脑神经连接的形成，为后续学习奠定基础。

（一）爬行与脊椎发育

婴幼儿通过学习爬行，锻炼了背部和腿部肌肉，促使脊椎骨骼的发育。爬行是婴幼儿时期的基本运动技能，通过爬行，婴幼儿不仅锻炼了腿部和背部肌肉，还培养了平衡感和协调性。这种运动刺激了骨骼的生长，有助于形成健康的脊椎结构。

（二）站立与骨骼发育

婴幼儿学会站立，通过腿部的承重锻炼骨骼系统，促进骨骼的发育。站立是婴幼儿时期的重要运动阶段，这个阶段婴幼儿的腿部骨骼要承受身体的重量。通过站立，婴幼儿的骨骼系统得到锻炼，有助于骨密度的增加，形成坚固的骨骼结构。

（三）触摸与神经系统发育

婴幼儿通过触摸不同的材质和形状，促使神经系统的感知觉发育。触摸是婴幼儿感知世界的主要途径之一。不同材质和形状的触感刺激了婴幼儿的神经末梢，促使神经系统的发育。这种感知觉的训练有助于婴幼儿的认知能力和运动协调性的提高。

（四）音乐与运动协调发展

婴幼儿在音乐的节奏中摆动身体，锻炼了运动协调性。音乐的节奏和旋律可以激发婴幼儿的运动欲望。婴幼儿在音乐中摆动身体、移动脚步，锻炼了身体的协调性和节奏感。这种运动与音乐的结合不仅促进了肌肉的发育，还培养了婴幼儿的审美和艺术感知能力。

通过以上内容可以看出，婴幼儿时期的学习经验直接影响着身体发育。适当的身体活动和感官刺激有助于婴幼儿的肌肉、骨骼和神经系统的发育，为婴幼儿健康成长打下基础。因此，为婴幼儿提供多样化、富有趣味性的学习环境，有助于促使他们身体各系统的全面发展。

二、学习与婴幼儿认知能力的发展

婴幼儿时期是认知能力迅速发展的阶段。通过观察、模仿和互动，婴幼儿可以学习认知概念、语言和问题解决等技能。合适的早期教育和刺激可以帮助婴幼儿建立起对世界的认知模型，提高记忆力和观察力，这对婴幼儿后续学习和思维发展具有深远影响。学习在婴幼儿时期对认知能力的发展起着关键作用。适当的学习经验可以培养婴幼儿的观察、记忆、问题解决等认知技能。

（一）观察与认知能力发展

婴幼儿通过观察周围环境中不同颜色、形状和材质的物品，学会区分不同的物体特征，这种区分培养了他们的感知能力和观察力。逐渐地，他们能够认识到世界的多样性，为认知能力的进一步发展奠定了基础。

（二）模仿与学习认知模式发展

婴幼儿模仿家长用勺子喂食或模仿动物的叫声。模仿是婴幼儿学习的基础。通过模仿，他们学习语言、动作和社交技能。这种模仿不仅是学习具体技能，还帮助婴幼儿建立起对世界的认知模式，促使其理解事物的功能和关联性。

（三）游戏与问题解决能力发展

婴幼儿玩益智玩具或游戏，尝试将形状正确的模块放入相应的孔中。益智游戏和玩具可以激发婴幼儿的思维，培养他们的问题解决能力。通过试错，他们学会了如何解决简单问题，培养了逻辑思维和空间认知能力。

（四）早期阅读与语言发展

父母给婴幼儿讲故事或阅读图画书，为婴幼儿提供了语言输入，帮助他们建立起丰富的词汇库和语法结构。通过阅读，婴幼儿学习了语言的声音和意义，促使了语言能力的发展，同时也拓展了他们的想象力和情感认知。

（五）社交互动与情感认知发展

婴幼儿与他人互动，学会表达情感，如分享、喜怒哀乐等。社交互动是婴幼儿认知和情感发展的重要途径。通过与他人的交流，婴幼儿学会了情感表达和共情能力。这种社交经验丰富了他们的情感认知，帮助他们理解自己和他人的情感状态。

通过以上内容可以看出，学习经验在婴幼儿认知能力的发展中发挥着关键作用。适当的学习经验可以帮助婴幼儿建立起对世界的认知模型，提高观察力、记忆力、问题解决能力和语言能力等。这些认知技能不仅为学习提供了基础，也为婴幼儿的全面发展打下了坚实的基础。

三、学习与婴幼儿语言发展的关联

婴幼儿时期是语言习得的关键时期。通过日常互动和语言输入，婴幼儿开始学习语言的基本结构和词汇。学习语言不仅仅是为了交流，对思维和表达能力的培养也至关重要。家庭和社会环境中的语言学习经验直接影响婴幼儿的语言发展水平。学习在婴幼儿时期对语言发展起到了关键作用。适当的学习经验可以帮助婴幼儿发展语言技能，提高他们的语言表达和理解能力。

（一）家庭环境与语言发展

家庭是婴幼儿最早接触语言的地方。在富有语言氛围的家庭中，婴幼儿可以接触到多种语言表达方式，从而学习到语言的基本结构和词汇。与家庭成员的互动不仅扩展了他们的词汇量，还培养了他们的听觉辨别能力。

（二）早期阅读与语言发展

早期阅读能够为婴幼儿提供丰富的语言输入。通过与父母共同阅读，婴幼儿能够接触到各种语言结构，学习到语言的节奏、语调和语法规则。这种经验不仅拓宽了他们的词汇量，还培养了他们对语言的理解和表达能力。

（三）社交互动与语言发展

与同龄人的社交互动是婴幼儿语言发展的重要途径。通过言语交流，他们能够学习到如何用语言表达自己的需求和情感。这种互动促使他们学会语言的实际运用，培养了他们的沟通技能和语境理解能力。

（四）游戏与语言发展

通过语言游戏，婴幼儿能够体会到语言的乐趣并灵活运用。这种游戏刺激了他们的语言学习动机，促进了他们语言发展的积极性。

（五）语音模仿与发音发展

语音模仿是婴幼儿学习发音的关键。通过模仿，他们学习到语言中各种音素的发音和语音的连贯性。这种模仿培养了他们的听觉敏感度，帮助他们发展清晰的语音表达能力。

通过以上内容可以看出，学习经验对婴幼儿语言发展的影响巨大。适当的语言学习经验可以丰富婴幼儿的词汇量，提高他们的听说读写能力，促进语言的流利运用。这种语言发展为婴幼儿的沟通能力、认知能力和社交能力的发展奠定了基础。

四、学习与婴幼儿社交情感发展的互动

学习经验在婴幼儿的社交和情感发展中扮演着重要角色。与他人的互动、合作游戏和情感沟通，不仅提高了婴幼儿的社交技能，还有助于培养婴幼儿的情感智能。良好的学习体验和社交互动可以帮助婴幼儿建立起对人际关系的信任和友好态度。

五、学习与婴幼儿自主性和创造力的培养

提供丰富多样的学习体验，鼓励婴幼儿进行自主探究和创造性游戏，可以促进婴幼儿思维的灵活性和创新能力。这种学习体验对婴幼儿的个性发展和自我认知非常重要。

六、婴幼儿学习与发展关系的研究意义

（一）为早期幼教提供科学依据

了解婴幼儿学习和发展之间的关系，可以为早期幼教提供科学的理论依据。教育者可以根据婴幼儿的学习特点和发展阶段，通过有针对性的教学方法和活动，促进婴幼儿的全面发展。

（二）帮助家长更好地教育子女

家长了解婴幼儿学习与发展的关系，能够更好地引导孩子的学习和发展。了解

婴幼儿的认知、语言、社交等方面的发展特点，可以帮助家长提供更具针对性的教育，促进孩子的健康成长。

（三）指导教育政策和实践

对婴幼儿学习与发展关系的深入研究，有助于国家制定更加科学的教育政策。政府和教育机构可以根据研究结果，优化早期教育资源分配，提高婴幼儿教育的质量。

（四）促进婴幼儿心理健康

婴幼儿时期是个体发展的关键时期，良好的学习与发展环境有助于培养婴幼儿的自信心、社交能力和情绪管理能力。科学的教育和引导，有助于预防和干预婴幼儿的心理健康问题，提高婴幼儿的心理适应能力。

（五）促进教育领域的研究与创新

深入研究婴幼儿学习与发展的关系，有助于推动教育领域的研究和创新。通过探索婴幼儿认知、情感、社交等多个层面的发展，促进教育方法的创新，为教育领域的进步提供理论支持。

研究婴幼儿学习与发展之间的关系，不仅对婴幼儿个体的健康成长具有重要意义，也为教育实践和教育政策制定提供了重要参考。

第三节　婴幼儿学习与发展的相关基础理论

婴幼儿学习与发展的领域涉及心理学、教育学、神经科学等众多学科的研究成果。以下是几个主要的相关基础理论。

一、皮亚杰的认知发展理论

瑞士心理学家让·皮亚杰（Jean Piaget，见图 1－1）提出了儿童认知发展的阶段理论。他将儿童认知发展分为感知运动期、前运算期、具体运算期和形式运算期等阶段。这个理论强调了儿童在不同阶段对于世界的认知方式和思维模式的变化，为我们理解婴幼儿认知发展奠定了基础。

图 1－1 让·皮亚杰

（一）感知运动期（0～2 岁）

特点：婴幼儿通过感觉和动作与环境互动，逐渐建立起基本的运动技能和感知能力。

举例：婴幼儿学会握住和抓取物体，能够通过触摸、视觉和听觉来认识周围的事物。他们开始形成简单的物体恒常性概念，即物体的存在和性质不会因为看不见而改变。

（二）前运算期（2～7 岁）

特点：幼儿开始使用语言和符号进行思考，但他们的思维仍然受限于具体、直观的经验。

举例：在这个阶段，幼儿开始理解数量的概念。例如，他们能够知道如果一杯水倒入另一高矮不同的杯子中，水的量并没有改变。但是，他们还不能进行抽象的数学运算，如加法和减法。

（三）具体运算期（7～11 岁）

特点：儿童具备了逻辑思维和操作符号的能力，能够进行具体的数学运算和逻辑推理。

举例：在这个阶段，儿童能够理解多步数学问题，并且能够使用逻辑推理解决具体问题，例如解决“如果 A 等于 B，而 B 等于 C，那么 A 等于 C”的问题。

（四）形式运算期（11 岁以上）

特点：儿童具备了抽象思维和假设推理的能力，能够进行复杂的抽象思维和解决抽象问题。

举例：在这个阶段，儿童能够进行更加复杂的数学运算，如代数和几何。他们开始能够思考抽象概念，比如自由意志和公正。

这些阶段代表了儿童认知发展的基本轨迹，但需要注意的是，每个儿童的发展进程都是独特的，不同儿童在同一阶段可能表现出不同的特点和能力。

二、维果茨基的社会文化理论

俄国心理学家列夫·维果茨基（Lev Vygotsky）（见图 1－2）提出了“区间发展理论”，主张婴幼儿的学习和发展是通过社会互动和文化传统来实现的。他强调了社会环境对于婴幼儿认知和语言发展的重要作用，同时提出了“最近发展区”和“远期发展区”的概念，强调了在教学中要注意婴幼儿当前发展水平和潜在发展水平之间的关系。

图 1－2　维果茨基

维果茨基的最近发展区理论（Zone of Proximal Development，ZPD）是他社会文化理论的核心概念之一。ZPD 指的是婴幼儿在完成某项任务时，需要借助他人的帮助或引导，但又能够完成部分任务，即婴幼儿当前能力的边界。在这个区域内，婴幼儿能够通过与更有经验的人合作，逐渐发展出超越当前水平的新技能和认知能力。

在 ZPD 中，任务被分为以下三个层次：

（1）可以独立完成的任务：婴幼儿能够独立完成，不需要帮助。

（2）通过帮助可以完成的任务：婴幼儿在他人的帮助下能够完成，但是无法独立完成。

（3）无法完成的任务：婴幼儿无论得到多少帮助也无法完成。

ZPD 理论的关键在于，教育者应该了解婴幼儿的当前发展水平，并将教学活动安排在 ZPD 内，以便引导婴幼儿超越自身的能力。适当的引导和支持，能够激发婴幼儿潜在的认知和学习能力，帮助他们完成那些目前看似超出他们能力范围的任务。

以一名婴幼儿在学习阅读为例，ZPD 的应用如下：

（1）可以独立完成的任务：婴幼儿能够读出简单的单词和句子。

（2）通过帮助可以完成的任务：在婴幼儿照护人员或家长的引导下，婴幼儿能够读出更复杂的词汇和句子，掌握阅读的基本技巧。

（3）无法完成的任务：对于极为复杂的文章或生僻词汇，婴幼儿无论得到多少帮助也无法独立阅读。

在 ZPD 内，婴幼儿照护人员或家长可以通过提供合适的书籍和指导，帮助婴幼儿逐渐提高阅读水平，超越当前的能力边界。这种引导和支持是基于婴幼儿的 ZPD，旨在促使他们的认知和学习能力得到有效发展。

三、加德纳的多元智能理论

美国心理学家霍华德·加德纳（Howard Gardner）提出了多元智能理论（见图 1-3），认为智能不是一个统一的概念，而是由多种不同的智能组成的。这些智能包括语言智能、空间智能、运动智能、音乐智能、人际智能等。这个理论强调了婴幼儿在多个领域可以表现出色的才能，教育应该根据个体的多元智能特点来设计。

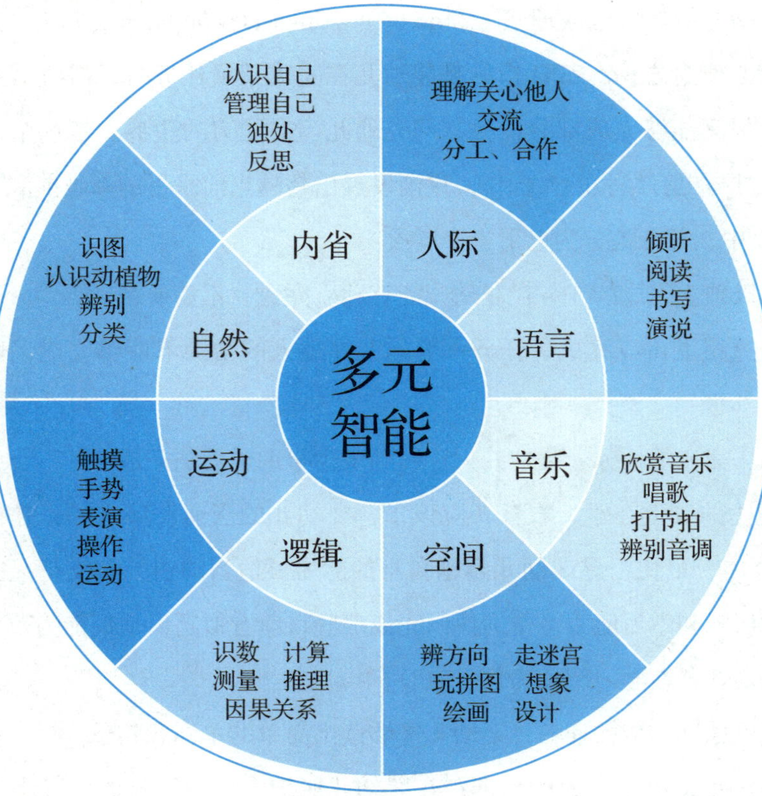

图 1－3 多元智能理论

多元智能理论在婴幼儿早期的教育中可以发挥重要作用，具体如下：

（1）提供多样化的刺激。在婴幼儿时期，提供丰富多样的刺激可以促使各种智能的发展。例如，播放不同类型的音乐，使用各种颜色和形状的玩具，鼓励婴幼儿通过触摸、听觉和视觉等感官途径来探索世界。

（2）语言智能。通过与婴幼儿进行交流、阅读图书、唱儿歌等方式，促进婴幼儿语言智能的发展。使用简单明了的语言，帮助他们建立基本的词汇和语言理解能力。

（3）空间智能。提供拼图、立方体等训练空间感知的玩具，让婴幼儿进行堆叠、组合等活动，培养他们的空间认知和创造力。

（4）运动智能。提供安全的环境，鼓励婴幼儿爬行、站立、行走等，同时提供适当的游戏，如抓住球、追逐游戏等，以促进婴幼儿的运动发展。

（5）音乐智能。播放各种类型的音乐，让婴幼儿体验不同的节奏和音调。同时，提供简单的乐器如鼓、铃铛等，鼓励婴幼儿参与音乐制作，促进音乐智能的培养。

（6）人际智能。安排婴幼儿一起玩耍，培养他们的合作、分享和交往能力。同时，教育者和家长的关爱和关心，提供安全、亲近的环境，也是人际智能发展的重要因素。

（7）内省智能。鼓励婴幼儿表达自己的需求和情感，尊重他们的个性和兴趣，培养他们的自我认知和自尊心。

多元智能理论在婴幼儿早期教育中的应用，意味着提供丰富多样的学习体验，以满足婴幼儿各种智能的需求，帮助他们全面、均衡地发展。通过个性化的教育和关怀，婴幼儿能够更好地发掘自身的潜能，为未来的学习和发展奠定坚实的基础。

四、布鲁纳的建构主义理论

美国心理学家杰罗姆·布鲁纳（Jerome Bruner）提出了建构主义理论，认为婴幼儿通过与环境的互动和经验的建构来建立知识和理解。他强调了婴幼儿的学习是主动的、探究性的过程，教育应该鼓励婴幼儿参与实际问题的解决和探究活动，通过与周围环境互动，建构对世界的理解。

在婴幼儿学习与发展中，布鲁纳的建构主义理论发挥着以下重要的作用：

（1）个性化学习体验。每个婴幼儿都是独特的，有着不同的背景、兴趣和学习风格。布鲁纳的理论强调个体的学习是自主的，因此教育者需要了解每个婴幼儿的特点，为他们创造个性化的学习体验。

（2）社交互动的重要性。建构主义理论认为，社交互动是知识建构的关键。在婴幼儿时期，他们通过与父母、教育者和同伴的互动，建构对世界的认知和理解。提供丰富的社交经验，鼓励婴幼儿参与互动，能够促进他们的认知和语言发展。

（3）启发性的学习环境。布鲁纳的理论认为，学习环境应该是启发性的，能够引发婴幼儿的好奇心和探索欲望。在婴幼儿学习环境中，教育者应提供各种各样的玩具、游戏和活动，鼓励婴幼儿自由探索，让婴幼儿从中学习和建构知识。

（4）引导性的教育者角色。在建构主义理论中，教育者被视为引导者而非传授者。在婴幼儿教育中，教育者的角色是观察婴幼儿的兴趣和需求，提供引导和支持，帮助他们积极参与学习活动，引导他们自主探索。

（5）语境和文化的考虑。建构主义理论强调了学习环境和文化背景对学习的影响。在婴幼儿学习中，考虑到家庭和社区的文化背景，为婴幼儿提供与其日常生活相契合的学习体验，能够促使他们更好地建构知识。

布鲁纳的建构主义理论在婴幼儿学习与发展中的作用是提供了一种以婴幼儿为中心的个性化、社交化的学习理念。通过创建启发性的学习环境、关注婴幼儿的兴趣和需求、引导他们与他人互动，教育者能够更好地促使婴幼儿的认知、语言、情感和社交等多个领域的综合发展。

知识链接

婴幼儿学习与发展的其他理论

心智模型理论（Theory of Mind）：心智模型探讨了婴幼儿对于自己和他人心智状态的认知。这包括婴幼儿能否理解他人拥有独立的思维、感受和信念。这一理论的发展在20世纪80年代末至90年代初被心理学家如西蒙·巴伦－科恩（Simon Baron-Cohen）等提出和探究。

情绪智能理论（Emotional Intelligence Theyory）：情绪智能理论强调了情绪在个体成功、健康和幸福中的重要作用。该理论的发展始于20世纪90年代，由心理学家丹尼尔·戈尔曼（Daniel Goleman）等人提出。

生态系统理论（Ecological Systems Theory）：生态系统理论由美国心理学家尤瑞·布朗芬布伦纳（Urie Bronfenbrenner）提出，该理论强调了个体与周围环境的互动关系。生态系统理论将个体的发展置于家庭、托育机构、社区等不同层面的环境背景中，探究这些环境对个体发展的影响。

社会文化理论（Sociocultural Theory）：社会文化理论是由俄国心理学家列夫·维果茨基提出的，主张个体的认知和发展是通过社会和文化互动实现的。该理论强调社会文化环境对个体认知发展的塑造作用。

这些理论在婴幼儿学习与发展的研究中提供了不同的视角和框架，为研究者、教育家和家长提供了认知、情感、社交等多方面的框架，帮助他们更好地理解婴幼儿的学习和发展过程，为婴幼儿提供更加恰当和有针对性的教育与关怀。对这些理论的综合考察有助于制定更加有效的早期教育和干预措施，促进婴幼儿的全面发展。

本章小结

本章全方位阐述了婴幼儿时期的重要性、特征及影响因素，从认知发展理论、社会文化理论、多元智能理论到建构主义理论的视角，全面阐述了婴幼儿学习与发展的多层次影响因素和各种理论模型。首先，婴幼儿时期意义重大，是大脑、认知、语言、社交情感发展及学习生活技能的黄金期。此阶段生理、认知、社交等方面特点鲜明，家庭与社会环境影响深远。同时，遗传、家庭、社会文化、环境、早期教育和刺激及健康和营养等因素共同左右着婴幼儿的学习与发展。其次，学习与婴幼儿发展紧密相关，与婴幼儿社交情感发展相互作用，对自主性和创造力的培养也至关重要。最后，在基础理论方面，皮亚杰的认知发展理论阐述了婴幼儿认知发展的阶段特征；维果茨基的社会文化理论强调社会文化环境对婴幼儿学习与发展的影响；加德纳的多元智能理论指出婴幼儿具有多种智能类型；布鲁纳的建构主义理论突出婴幼儿在学习过程中主动构建知识的特点。这些理论为深入理解婴幼儿学习与发展提供了多元视角与理论支撑。总之，本章的内容为教育者提供了深刻的理论指导和实践启示。在婴幼儿学习与发展中需要秉持多元智能、建构主义的理念，创造出个性化、启发性的学习环境，引导婴幼儿积极、主动地参与学习，培养他们多方面的能力，为他们的未来奠定坚实的基础。同时，教育者的角色至关重要，他们需要具备丰富的知识储备，灵活运用各种教学策略，为婴幼儿的成长提供有力支持。在教育者的引领下，婴幼儿将在多元智能的光芒中茁壮成长，迎接美好的未来。

同步练习

一、选择题

1. 在婴幼儿时期，提供丰富多样的学习刺激有助于（　　）。

A. 降低智力发展　　B. 限制感知觉发展

C. 促进大脑神经网络发展　　D. 减缓情绪情感发展

2.（　　）强调了学习是个体与环境互动、建构知识的过程。

A. 多元智能理论　　B. 神经构造主义

C. 建构主义理论　　D. 社会文化理论

3. 在婴幼儿学习与发展中，早期干预的目的是（　　）。

A. 提高智力　　B. 形成早期记忆

C. 促进神经网络发展　　D. 增加学习压力

二、论述题

1. 解释并比较多元智能理论和建构主义理论在婴幼儿教育中的应用，提供具体的例子加以说明。

2. 详细阐述婴幼儿时期的重要性，包括其对智力、情感、社交和身体发展的影响，并说明为什么这个时期是学习与发展的关键时期。

3. 分析个性化教育在婴幼儿学习与发展中的作用，包括如何根据婴幼儿的兴趣和需求设计个性化的学习活动。

4. 讨论教育者在婴幼儿学习与发展中的角色和责任，包括他们如何应用多元智能理论、建构主义理论，为婴幼儿提供支持和引导。

三、案例分析题

请以一个婴幼儿情绪管理的案例为基础，结合社会文化理论、情绪智能理论的观点，分析该案例中教育者如何引导婴幼儿建立积极的情绪情感，提供具体的教育策略和实施步骤。

第二章 婴幼儿心理发展

学习目标

知识目标

1. 了解婴幼儿心理发展的基本概念；理解婴幼儿心理发展的定义、重要性以及相关历史背景。

2. 掌握婴幼儿心理发展的各个阶段；理解婴幼儿期早期情感与依恋发展和自主性与认知发展的特点。

3. 了解婴幼儿心理发展中可能出现的挑战和问题；掌握婴幼儿焦虑、抑郁等心理健康问题的早期迹象和干预策略。

能力目标

1. 能够分析婴幼儿心理发展中的关键阶段和因素；能够分辨不同发展阶段婴幼儿的特点和需求，了解婴幼儿时期的情感表达和认知能力发展。

2. 具备设计婴幼儿心理健康干预方案的能力；能够提出早期心理健康问题的干预策略，包括婴幼儿焦虑和抑郁问题的识别和应对。

3. 能够分析家庭和社会环境对婴幼儿心理发展的影响；能够分析家庭氛围和社交游戏等环境对婴幼儿心理发展的影响，为提供积极的家庭和社会环境提供建议。

素养目标

1. 培养对婴幼儿心理发展的深刻理解和关心；提高对婴幼儿心理发展的认知度和关注度，培养对婴幼儿心理健康的关心和责任感。

2. 培养多维度思考和分析问题的能力；培养多方面思考问题的习惯，能够从心理、社会、家庭等多个维度分析婴幼儿心理问题。

3. 提高心理健康干预的实践技能：提高早期心理健康问题干预的实际操作能力，能够在实践中应用所学知识。

案例导入

在一所托育机构的角落，你看到3岁的男孩小明正坐在一张小桌前，手持一支画笔，专心地涂鸦。小明的脸上洋溢着快乐的微笑，他用各种颜色创造出一个五彩斑斓的世界，充满了形状、线条和图案。旁边，一位教育者在耐心观察和与小明互动。

问题：你观察到的小明的行为有何特点？他在画图时表现出哪些情感和技能？为什么婴幼儿的绘画活动可以反映他们的心理发展？你认为婴幼儿通过创造性的绘画活动学习了什么？

第一节 婴幼儿心理发展概述

一、婴幼儿心理发展的定义与重要性

婴幼儿心理发展指的是婴幼儿在生理、认知、情感、社交和行为等方面的逐步变化和提高的过程。这种变化在婴幼儿时期尤为显著，通常从出生开始一直延续到青少年时期。婴幼儿心理发展的研究关注婴幼儿在不同年龄阶段的认知、情感、社交和行为能力的发展，以及这些发展是如何受到遗传和环境因素的影响的。这个领域的研究旨在了解婴幼儿在成长过程中是如何学习、适应和与周围世界互动的，以及如何建立起健康的自我认知和社交技能。

婴幼儿心理发展的定义涉及多个方面，包括生理方面的脑部发育、认知方面的语言和思维能力、情感方面的自我认知和情绪表达，以及社交方面的人际关系和合作能力。这种发展通常在特定阶段表现出特定的特征和需求，因此研究婴幼儿心理发展的学者和教育者关注不同年龄段婴幼儿的特殊发展，以便提供恰当的支持和教育。

知识链接

环境决定论

在婴幼儿心理学领域，著名临床心理学家约翰·B. 华生（John B. Watson）作出了重要贡献，同时他也是行为主义心理学的奠基人之一。华生提出了“环境决定论”的观点，即婴幼儿的行为和心理特征主要是通过环境条件形成的。他的经典案例之一是小男孩艾尔伯特（Little Albert）的“小白兔恐惧症”。

案例背景：在20世纪初，艾尔伯特是华生和他的同事玛莉·柯瑞·琼斯（Mary Cover Jones）进行实验的对象。艾尔伯特在实验开始时并没有对任何事物产生恐惧。

实验过程：

（1）初期条件反射：在实验开始时，艾尔伯特被放在一个房间里，房间里有一只白色的兔子。最初，他对兔子没有恐惧反应。

（2）条件刺激引入：在艾尔伯特看到兔子的同时，研究人员制造了一个巨大的声音，通过这种方式引发艾尔伯特的恐惧。

（3）恐惧加强：这个过程重复了多次，艾尔伯特开始对兔子感到害怕，即使没有声音，他也会因为兔子而感到恐惧。

（4）恐惧传递：随后，这种恐惧扩展到了其他物体，如毛茸茸的玩具和毛毯，即使它们没有引发声音。

案例意义：

这个案例展示了条件反射的形成和恐惧的传递。艾尔伯特最初并没有对兔子产生恐惧，但通过条件刺激的引入，他的恐惧得以加强，并且泛化到了其他物体上。这个实验既强调了环境对婴幼儿心理发展的影响，也凸显了婴幼儿心理发展中的学习过程。

案例启示：

（1）环境刺激的影响：艾尔伯特的恐惧是通过环境刺激的引入而产生的，强调了环境对婴幼儿行为和心理的塑造作用。

（2）学习的泛化效应：艾尔伯特的恐惧被泛化到了其他物体，说明婴幼儿的学习经验可能会被泛化到类似的情境中。

（3）早期干预的重要性：该案例突出了早期干预的必要性，早期的恐惧体验可能会影响婴幼儿的心理健康和行为发展。

这个案例为婴幼儿心理学研究提供了深刻的洞察，也引发了对婴幼儿心理发展和学习过程的深入思考。

婴幼儿心理发展的重要性体现在多个方面，它不仅影响着婴幼儿个体的健康成长，也对社会的未来发展产生了深远影响。婴幼儿心理发展的重要性表现在以下方面。

（一）奠定个体基础

婴幼儿时期是个体心理、情感和认知能力发展的关键时期。健康的心理发展为个体的学习、社交和情感生活打下了基础，直接影响其成年后的行为和态度。假设一个婴儿在早期得到足够的亲近和关爱，这种积极的关系将影响他在成长过程中的安全感和信任感。这种早期的积极经历为他后来建立健康的人际关系和应对生活挑战打下了坚实基础。

（二）建立自尊心和自信心

婴幼儿时期的积极心理发展有助于婴幼儿建立自尊心和自信心。自尊心是个体对自己价值和能力的认知，对于培养积极的人格特征和自信心至关重要。一个婴幼儿在托育机构里获得婴幼儿照护人员和同学的认可，得到鼓励和赞扬，逐渐形成了对自己学术能力和社交技能的自信。这种自信心源自早期积极的家庭环境和托育机构教育，使他有勇气面对新的挑战和困难。

（三）影响学习和社交能力

婴幼儿心理发展影响学习和社交能力的形成。在婴幼儿时期，学习是通过游戏和探索来实现的，这种学习方式对于知识和技能的习得具有重要意义。婴幼儿时期的社交经验也是社交技能形成的基础。我们以一个婴幼儿在游戏中学习分享和合作的能力为例。在与其他孩子互动的过程中，他学会了倾听、尊重他人观点、解决冲突，这种积极的社交经验使他建立了良好的合作能力和与其他孩子的友谊。

（四）社会适应性

良好的心理发展使婴幼儿更容易适应社会环境，建立良好的人际关系，形成良好的合作能力。这对于婴幼儿在日常生活和托育机构环境中更好地融入社会起着关键作用。婴幼儿在托育机构和家庭中学会了有效的沟通技巧，能够处理人际关系问题。这种社交适应性使他在团队合作、领导能力和解决冲突方面表现出色，这种能力源于早期家庭和托育机构环境的支持。

（五）心理健康问题的预防

健康的心理发展可以降低婴幼儿心理健康问题的发生率。对于焦虑、抑郁等心理问题，早期的心理发展状况可以作为预警指标，及时干预可以避免问题加重。一个青少年如果在早期得到了家庭支持和心理健康教育，他就能够更好地应对学业压力和人际关系问题。由于早期形成的心理韧性，他能够更好地处理挫折，避免了潜在的焦虑和抑郁问题。

（六）塑造社会未来

健康发展的婴幼儿是社会的未来，他们的心理健康和社会适应性影响着社会的稳定和发展。培养心理健康的下一代有助于建设更加和谐、健康和富裕的社会。婴幼儿在家庭和托育机构环境中学到了积极的价值观和社会责任感，其成年后会积极参与社区服务、关心社会问题，为社会和谐发展作出积极贡献。这种社会责任感源自早期家庭和托育机构的教育。

婴幼儿心理发展对于个体和社会都具有不可估量的重要性，因此，提供良好的心理支持和教育环境，关注婴幼儿心理健康，是社会各界共同关心和投入的重要领域。

二、婴幼儿心理发展研究历史概览

婴幼儿心理发展的研究历史可以追溯到19世纪末20世纪初。在这个时期，心理学开始作为一门独立的科学学科发展，人们开始对婴幼儿的心理过程和行为进行系统研究。婴幼儿心理发展研究在不同时期受到了不同学派的影响，逐渐形成了今天多元化的研究领域。

（一）早期观念与研究（19世纪末—20世纪初）

在19世纪末，婴幼儿心理发展研究主要集中在婴幼儿的智力和行为方面。早期的研究者，如皮亚杰（Jean Piaget）等人提出了婴幼儿认知和发展的理论观点。他们的研究奠定了婴幼儿心理学研究的基础，引导后来的学者进行更深入的研究。

（二）行为主义时期（20 世纪初—20 世纪中期）

20 世纪初至 20 世纪中期，行为主义心理学盛行。行为主义者强调环境对婴幼儿行为的影响，提出了许多关于学习和行为习得的理论，其中包括约翰 · B. 华生（John B. Watson）和伯尔赫斯 · 弗雷德里克 · 斯金纳（B. F. Skinner）的观点。他们的研究使得婴幼儿心理学开始注重外部刺激和行为反应之间的关系。

（三）认知革命（20 世纪中期—20 世纪末）

20 世纪中期，随着皮亚杰的认知发展理论的影响逐渐加深，婴幼儿心理学研究进入了认知革命时期。研究者开始关注婴幼儿思维和知觉的发展，揭示了婴幼儿在认知领域的特殊特征，包括语言发展、问题解决和记忆等方面。

（四）当代婴幼儿心理发展研究（20 世纪末至今）

在当代，婴幼儿心理发展研究越来越多地关注社会、文化和情感因素对婴幼儿发展的影响。研究者开始研究婴幼儿的社会认知、情绪智力、自我概念和文化因素对心理发展的影响。同时，随着神经科学和技术的进步，研究者还开始探索婴幼儿大脑发育和心理健康问题的神经机制。

婴幼儿心理发展研究过程充满变革和创新，从早期的认知发展研究到当代对社会、文化和神经机制的深入探讨，不断拓展了人们对婴幼儿心理发展的认识。这个领域的研究为婴幼儿的教育、心理健康和社会适应性提供了重要的理论基础和实践指导。

第二节　婴幼儿心理发展阶段

婴幼儿时期是婴幼儿心理发展的关键时期，充满了探索、学习和适应新环境的挑战。在这个阶段，婴幼儿经历了多方面的心理发展，包括情感、认知、语言和社交等方面的成长。婴幼儿心理发展有两个关键阶段：婴儿期和幼儿期。

一、婴儿期

婴儿期是人生命中最初的阶段，也是婴幼儿心理发展中最显著的时期之一。在出生后的头几个月里，婴儿主要通过感觉来认识世界，包括视觉、听觉、触觉、嗅觉和味觉。这个阶段的主要特征之一是依恋。婴儿与主要照顾者（通常是母亲）建立了强烈的依恋关系，这种依恋对于婴儿的心理和情感发展至关重要。他们学会通过哭泣、笑容和眼神等方式与周围的人进行交流，以满足生理和情感上的需求。

随着婴儿的生长，他们开始发展基本的运动技能，如翻身、爬行和站立。这种身体发展不仅增强了他们的自信心，还帮助他们更好地探索周围环境。同时，婴儿期也是语言发展的关键时期。在会说话之前，婴儿就开始通过模仿声音、观察口型等方式学习语言。他们逐渐建立了语言的基础，为日后的语言交流打下基础。

知识链接

婴儿期自主性与认知能力的发展

一、自主性的初步表现与发展

婴儿期，婴儿开始展现自主性，表现为他们对周围环境的好奇心和探索欲望。婴儿会试图自主翻身、爬行，探索周围的物体和环境。这种自主性的初步表现是婴儿学习和发展的动力来源，也是自主性发展的基础。当婴儿学会自主翻身时，他们可能会尝试探索周围的玩具或其他物体，这种探索是婴儿发展认知和运动能力的方式。

二、认知能力的逐步建立与发展

在婴儿期，婴儿的认知能力逐步建立。婴儿开始对物体的特性和环境的规律性产生兴趣，并通过感觉和运动活动来认知世界。他们逐渐发展出对物体的持久性概念，即当物体不再可见时，它仍然存在。这种持久性概念是认知发展的一个重要标志，也为后来的物体永恒性概念的形成奠定了基础。当婴儿在游戏中看到一个玩具被遮挡后，仍然能够预期它的存在，这表明婴儿已经开始发展出物体的持久性（又称恒常性）概念。这个概念最早由瑞士心理学家皮亚杰

（Jean Piaget）提出。为了研究儿童是否具有物体恒常性概念，皮亚杰设计了一系列实验，其中最著名的是“物体恒常性实验”。实验步骤如下：

（1）初始阶段：实验开始时，研究者向婴儿展示一个物体（比如一个玩具），然后让婴儿观察一会儿，确保婴儿注意到了这个物体。

（2）遮挡阶段：研究者用一个屏风或者其他物体将原物体遮挡起来，使婴儿无法看到。

（3）实验条件变化：在遮挡物体的同时，研究者偷偷将原物体替换成另一个物体，或者将原物体移动到不同的位置。

（4）展示阶段：研究者移开遮挡物体，让婴儿再次看到。

实验的观察和解释：

如果婴儿没有物体恒常性概念，他们在遮挡物体后再次看到时，可能会对新的物体表现出兴奋或惊讶的情绪。这表明他们没有意识到原物体的存在，或认为它已经消失了。

如果婴儿具有物体恒常性概念，他们在遮挡物体后再次看到时，会表现出较少的兴奋或惊奇。这表明他们能够理解原物体仍然存在，即使在看不见的情况下。

通过这些实验，皮亚杰发现，婴儿在大约 8 个月到 12 个月之间开始逐渐发展出物体恒常性的概念。

二、幼儿期

幼儿期是婴幼儿心理发展的一个重要阶段，也是幼儿社交和认知能力迅速发展的时期。在这个阶段，幼儿开始发展更为复杂的语言能力，能够用词语表达需求和情感，并逐渐掌握语法和句法规则。他们开始建立对周围世界的更为深入和抽象的认知，能够进行逻辑思考和解决问题。此时，他们的注意力、记忆和观察能力也得到了显著提高。

在幼儿期，幼儿的社交能力得到了更加明显的发展。他们学会了与其他幼儿互动，建立友好关系，并逐渐理解和尊重他人的观点和情感。同时，幼儿开始学会控制自己的情绪，表达愿望，并适应社会规则和文化价值观。这种社交和情感发展为日后的人际关系和社交适应性打下了基础。

在幼儿期，幼儿还开始发展自我认知和自我概念。他们能够认识到自己是独立的个体，并具有自己的特点和能力。这种自我认知的发展为建立健康的自尊心和自信心提供了基础，也为良好的心理健康打下了基础。

婴儿期和幼儿期是婴幼儿心理发展中至关重要的阶段。在这个时期，婴幼儿经历了身体、情感、社交和认知等多方面的发展，为将来更复杂的学习和社交环境做好了准备。敏锐的观察、细致的关心和支持，将有助于婴幼儿充分发展他们的潜能，为更好地适应未来的生活和学习奠定坚实的基础。

第三节 婴幼儿心理发展中的挑战与干预

婴幼儿期是一个充满探索和学习的时期，然而，婴幼儿心理发展中也可能出现各种挑战。这些挑战可能源于遗传、环境、家庭因素或生理问题，对婴幼儿的心理健康和发展构成威胁。在面对这些挑战时，及早地干预和支持显得尤为重要，能够帮助婴幼儿克服困难，促使其健康成长。

一、婴幼儿心理发展中的挑战

（一）早期情绪问题

有些婴幼儿可能面临早期的情绪问题，比如焦虑、抑郁或过度活跃。这些问题可能导致婴幼儿在情绪表达、社交交往等方面存在困难，影响他们的心理健康。早期的情绪问题通常需要专业心理干预，比如婴幼儿心理治疗，以帮助婴幼儿学会情绪调节和建立健康的社交关系。

（二）早期发育问题

有些婴幼儿可能在身体、认知或语言等方面出现发育迟缓。这种发育迟缓可能是由遗传问题、早产或其他生理因素引起的。及早康复治疗和康复训练对于发育迟缓的婴幼儿至关重要。干预通常包括物理治疗、语言治疗和认知训练，以促进婴幼儿在各个方面的发展。

二、婴幼儿心理发展中早期干预的重要性

早期干预对于解决婴幼儿心理发展中的挑战至关重要。及早干预能够最大限度地发挥婴幼儿大脑的可塑性，帮助他们建立健康的认知、情感和社交能力。早期干预措施包括以下方面：

（1）早期教育和刺激：通过早期的教育和刺激，帮助婴幼儿建立基本的认知和语言能力。这可以通过玩耍、听音乐、看图书等方式实现。

（2）家庭支持：家庭支持和温暖的家庭环境对婴幼儿的发展至关重要。家长的爱和支持可以提供婴幼儿需要的安全感，促使他们积极探索和学习。

（3）专业干预：当婴幼儿面临严重的心理发展问题时，专业心理干预和治疗是必不可少的。婴幼儿心理学家、语言治疗师等专业人士能够为婴幼儿提供个性化的干预方案，帮助他们克服困难，实现健康的发展。

通过早期干预，婴幼儿将有更好的机会发展出健康的心理、情感和社交能力，为他们的未来奠定坚实的基础。提供支持、鼓励和专业干预，是帮助婴幼儿克服挑战、健康成长的关键。

三、婴幼儿心理健康问题与干预

婴幼儿期是人生中最关键的发展阶段之一。在这个时期，婴幼儿的心理健康问题可能影响其一生的发展。了解婴幼儿心理健康问题的早期迹象，并采取及时有效的干预措施，对于婴幼儿的心理健康具有重要意义。以下将详细描述婴幼儿期常见的心理健康问题及其干预方法，并通过具体案例进行说明。

（一）婴幼儿期常见的心理健康问题

（1）分离焦虑：婴幼儿可能在分离时表现出过度哭泣、不安、无法入睡等情绪反应。

（2）情绪调节问题：有些婴幼儿可能由于无法有效地表达自己的需求而产生情绪问题，表现为易怒、焦虑、哭闹等。

（3）睡眠问题：部分婴幼儿可能会出现入睡困难、夜间醒来频繁等睡眠问题，影响他们的生活质量和家庭和谐。

（二）干预方法及具体案例说明

1. 分离焦虑的干预

采取逐渐分离法，即让婴儿逐渐适应分离的过程。例如，母亲可以先离开房间几分钟，然后逐渐延长分离的时间。通过这种方式，帮助婴儿建立安全感，减轻分离焦虑。

案例：小明是一个 8 个月大的婴儿，经常在母亲离开房间时大哭。母亲采取逐渐分离法，每天让小明适应离开房间的时间逐渐延长。经过几周的训练，小明逐渐学会了独立入睡，并且分离时不再过分焦虑。

2. 情绪调节问题的干预

采用婴儿安抚技巧，例如使用安抚奶嘴、温暖的拥抱、柔和的音乐等，帮助婴儿缓解焦虑和情绪波动。

案例：小红是一个 1 岁的女婴，经常因为无法表达需求而哭闹。母亲在哄抚时使用柔和的歌曲和温暖的拥抱，帮助小红安静下来。同时，母亲也学会了辨识小红的需求，提供及时的响应，减轻了小红的焦虑情绪。

3. 睡眠问题的干预

建立良好的睡眠习惯，包括规律的作息时间、舒适的睡眠环境等。父母可以建立一个固定的睡前仪式，例如给婴儿洗澡、读故事书等，帮助婴儿进入安稳的睡眠状态。

案例：小杰是一个 2 岁的男婴，夜间常常醒来并且难以再次入睡。父母为他建立了一个温暖舒适的睡眠环境，每晚在固定的时间给他讲睡前故事。经过几周的培养，小杰逐渐建立了良好的睡眠习惯，夜间醒来的频率减少了，睡眠质量得到了提高。

通过及时的干预，婴幼儿的心理健康问题可得到缓解。同时，及时的干预也会促进他们健康心理的发展。家长和社会各界需要共同关注婴幼儿的心理健康问题，提供支持和帮助，为婴幼儿创造一个健康、温暖的成长环境。

四、特殊情境下的婴幼儿心理发展

特殊情境下的婴幼儿心理发展是一个复杂而敏感的领域。婴幼儿时期是人类生命周期中最关键的时期之一，而特殊情境（例如早产、生理异常、家庭问题等）可能对婴幼儿的心理发展产生深远影响。以下介绍特殊情境下婴幼儿心理发展的一些关键考虑因素，并提供相应的支持方法。

（一）早产儿的心理发展

早产儿常面临生理和环境上的挑战，可能影响其心理发展。对于早产儿，家长和医疗团队需要做好以下工作：

（1）促进早产儿与父母之间的早期接触，例如皮肤接触，这有助于建立亲子关系，增加婴儿的安全感。

（2）医疗专业人士应提供早期的生理和心理支持，确保早产儿得到适当的医疗护理和康复服务。

早产儿皮肤接触实验，也被称为“被动性皮肤接触”或“被动性早产儿接触”，是一种早产儿护理的方法。该方法主要包括让早产儿裸露在父母的胸前，使早产儿的皮肤直接接触父母的皮肤，然后用布或毯子轻轻包裹早产儿，使他们保持温暖。这种接触通常在早产儿稳定后的早期就开始，并且可以在一天中的不同时间进行，持续时间可以根据早产儿的状况和父母的意愿而定。

早产儿皮肤接触实验的目的是提供温暖、安全感，促进早产儿的生理和心理健康。这种接触不仅有助于维持早产儿的体温，还能够增强亲子关系，促进早产儿的生长和发育，提高早产儿的生存率和生活质量。研究表明，早产儿皮肤接触实验可以降低早产儿感染的风险、促进早产儿体重增长、提高母乳喂养率，并减少早产儿在医院的停留时间。

这种方法的基本原理是利用亲子间的身体接触（见图 2-1），传递母体的温暖和

图 2-1　亲子间的身体接触

安全感，促进早产儿生理和心理健康的发展。在医疗环境中，医生和护士通常会引导父母正确地将早产儿放置在胸前，并确保婴儿的呼吸和心跳正常。

（二）家庭问题对婴幼儿心理发展的影响

家庭问题（如家庭暴力、离异、贫困等）可能对婴幼儿心理发展造成负面影响。在这种情况下，支持系统可发挥作用：

（1）家庭支持和心理辅导：为家庭提供心理健康服务和支持，帮助家长学会应对压力的方法，并提供良好的家庭氛围。

（2）社区资源：指导家庭寻找社区资源，例如婴幼儿心理健康服务、托儿所、教育计划等，以提供额外的支持。

（三）生理异常和慢性疾病对婴幼儿心理发展的影响

婴幼儿如果患有生理异常或慢性疾病，可能需要长期医疗护理，对其心理发展构成挑战。在这种情况下，关键的支持措施包括：

（1）家庭教育和自助支持：提供关于婴幼儿特殊需求和应对方法的教育，同时鼓励家长加入支持群体，分享经验并互相支持。

（2）医疗和康复服务：确保婴幼儿获得及时、专业的医疗和康复服务，以最大限度地促进其身体和心理发展。

在特殊情境下，早期干预和提供支持对于婴幼儿的心理发展至关重要。家长、医疗专业人士和社区资源应该紧密合作，为婴幼儿提供安全、稳定和充满爱的环境，以帮助他们克服困难，实现健康的心理发展。

第四节 家庭与社会环境对婴幼儿心理发展的影响

婴幼儿的心理发展受到家庭和社会环境的深刻影响。在这一阶段，家庭是婴幼儿最主要的社会环境，而社会环境则为家庭提供了框架和支持。以下我们探讨家庭和社会环境对婴幼儿心理发展的重要影响因素。

一、家庭环境与心理健康

（一）家庭氛围对婴幼儿情感发展的影响

家庭氛围是婴幼儿成长过程中一个至关重要的环境因素，它包括家庭成员之间的相互关系、亲子交往、家庭规则和氛围等。这种氛围直接影响着婴幼儿的情感发展，决定了他们对世界的认知、情感的表达以及人际关系的建立。

1. 家庭温馨的氛围

温馨和谐的家庭氛围能够给予婴幼儿安全感和信任感，这种安全感是婴幼儿建立健康情感关系的基础。在这样的家庭中，父母之间的爱和尊重会被婴幼儿深深感知。例如，当父母之间相互尊重、理解时，孩子在这种环境下会更容易建立起自己的安全感，从而更容易表达自己的情感。

案例：小明的父母总是在孩子面前展现出相互尊重和关爱的态度。他们会在小明面前亲吻、拥抱，用温柔的语言相互交流。这种温馨和谐的家庭氛围让小明感到安全和放心，他在家庭中学会了表达自己的情感，也更容易与人建立深厚的情感联系。

2. 家庭冲突的处理方式

家庭中难免会有一些冲突和争执，但是冲突的处理方式会对婴幼儿产生深远的影响。如果父母能够以成熟、理性的态度处理冲突，婴幼儿会学到解决问题的方式，并且会感受到父母的情感安全。

案例：小芳的父母在处理争执时总是坐下来冷静地沟通，互相倾听对方的意见，并寻找解决问题的方法。小芳在这种氛围中学到了冲突解决的技能，也学会了理性看待问题。她的情感发展得以健康成长，不容易受到外界情绪的波动影响。

3. 家庭中的规矩与界限

明确、合理的家庭规矩和界限有助于婴幼儿建立自律和自制力，这对情感的发展非常重要。孩子如果知道哪些行为是可以接受的，哪些是不被允许的，那么他们就会更容易理解自己的情感，学会控制自己的情绪。

案例：张家制定了一套明确的家庭规则，包括每天晚上准时睡觉、有礼貌地说话等。这些规矩为小玲提供了清晰的行为指导，她知道什么是被允许的、什么是不被允许的。在这种环境中，小玲学会了自律，也更有责任感，情感也更加稳定。

4. 家庭中的陪伴与鼓励

家庭成员的陪伴和鼓励对婴幼儿的情感发展至关重要。当父母给予婴幼儿充分的关注和鼓励时，他们会更有自信心，情感更加积极向上。

案例：李妈妈每天都会花时间陪伴小红，与小红一起进行各种亲子活动，赞美她的进步，鼓励她尝试新事物。在这种支持下，小红感到非常受到重视，她在家庭中获得了强大的安全感，情感得到了充分的满足。

在这些案例中，可以看到家庭氛围对婴幼儿情感发展的重要性。一个温馨和谐、规矩明确、充满陪伴和鼓励的家庭，会为婴幼儿提供一个健康的情感成长环境，培养他们积极、自信、善于表达情感的特质，为未来的人际关系打下坚实的基础。

（二）家庭支持与婴幼儿自尊心的建立

婴幼儿期是个体心理发展的关键时期，而家庭支持在这一时期对婴幼儿自尊心的培养起着至关重要的作用。

1. 父母的爱与陪伴

在婴幼儿期，父母的爱和陪伴是婴幼儿自尊心建立的基石。当父母用温暖和关爱对待婴幼儿时，婴幼儿会形成安全的依恋关系，建立起对自己被接受和被爱的信念。

案例：小宝的父母每天都会花很多时间与他亲近，哄他入睡，陪他玩耍。这种亲密的互动使得小宝在家庭中感到被深深爱着，使他形成了积极的自我形象，自尊心得以健康发展。

2. 父母的赞美与鼓励

当父母赞美和鼓励婴幼儿时，婴幼儿会认为自己是有价值的，从而形成积极的自我认知。父母的鼓励能够激发婴幼儿的积极性，促使他们尝试新事物。

案例：小花学会了用勺子吃饭，父母表扬了她的努力，并鼓励她每天都用勺子吃饭。小花因此感到自己是被肯定的，她的自尊心得到了提升。

3. 家庭中的积极沟通

家庭中的积极沟通是婴幼儿自尊心建设的桥梁。当家庭成员之间有良好的沟通时，婴幼儿能够得到及时的回应和关心，从而感受到自己是被重视的。

案例：小明的家庭每天都有固定的亲子时间，父母会与他一起分享一天的经历，询问他的感受。这种亲子沟通让小明觉得自己是家庭的重要成员，他的自尊心因此得以培养。

4. 家庭中的合理规矩与尊重

家庭中的合理规矩和尊重婴幼儿的个体权利，有助于婴幼儿建立自律性和自我控制力。当婴幼儿知道哪些行为是被允许的、哪些是被限制的时，他们会更容易理解自己的行为，形成积极的自我认同。

案例：小杰的家庭有固定的作息时间和规定的玩耍时间。这种规矩让小杰知道什么时候可以玩耍、什么时候需要休息。父母的尊重让小杰感到自己是被理解和被尊重的，他的自尊心得以加强。

在这些案例中，可以看到家庭支持在婴幼儿自尊心建设中的积极影响。一个充满爱、赞美、鼓励和尊重的家庭，为婴幼儿提供了一个健康成长的环境，使他们在自我认知、自我价值感和自我控制力方面得以全面发展。家庭的支持不仅对婴幼儿期的心理健康产生积极影响，也为他们未来的人际关系和社会适应能力奠定了坚实基础。

二、托育环境与社会交往

婴幼儿时期是社会交往发展的关键时期，而托育环境则是婴幼儿接触外部社会的第一个重要场所。托育环境的特点和质量对婴幼儿的社会交往能力产生了深远影响。

（一）托育环境对婴幼儿社会交往能力的影响

1. 同伴交往的培养

托育环境通常有其他婴幼儿，这种集体生活为婴幼儿提供了与同龄人交往的机会。在与同伴的互动中，婴幼儿学会分享、合作、交流，这些都是社会交往中的重要技能。

案例：在托育中心，小雨经常与其他小朋友一起玩耍，她学会了与人分享玩具，等待轮流，学会了与其他婴幼儿友好相处，这对她的社交技能发展起到了积极的促进作用。

2. 专业保育者的角色

托育中心通常由专业的保育者负责，这些保育者受过相关培训，能够提供安全、稳定、有爱心的环境。他们的关爱和支持，帮助婴幼儿建立信任感，从而让婴幼儿更愿意与他人互动。

案例：在家庭式托育中心，小明的保育阿姨总是给予他耐心的陪伴和鼓励，小明因此在保育阿姨的支持下变得开朗活泼，更愿意与其他小朋友一起玩耍，积极参与各种活动。

3. 社交规则的学习

在托育环境中，婴幼儿接触到了社交规则，学会了与他人相处的基本礼仪和行为准则。这对于他们的社会交往能力的提高至关重要，同时也为日后的托育机构和社会生活做好了铺垫。

案例：在托幼班中，小芳学会了排队、分享玩具、尊重婴幼儿照护人员等社交规则。这些规则不仅帮助她更好地融入集体生活，也培养了她的合作与沟通能力。

4. 情绪管理与冲突解决

在托育环境中，婴幼儿经常面临与其他小伙伴产生摩擦的情况。学会处理这些情绪，解决冲突，是婴幼儿社会交往能力的一部分。托育环境提供了一个相对安全的场所，让婴幼儿学会适应各种社交情境。

案例：在托育班上，小明和小红因为玩具发生争执。保育者及时介入，引导他们沟通，解决问题，教会他们尊重他人的权利。这种经历培养了他们的情绪管理和解决冲突的能力。

托育环境不仅为婴幼儿提供了与同龄人交往的机会，也为婴幼儿提供了社交规则学习、情绪管理和冲突解决的场所。在这个环境中，婴幼儿不仅能够学到知识，还能够培养出良好的社会交往能力，为将来更好地融入社会做好准备。

（二）适合婴幼儿心理发展的托育环境的评价标准

安全设施：托育场所应有适当的防护措施，如栏杆、软垫等，以防止婴幼儿受伤。

卫生条件：托育场所应保持干净整洁，经常进行卫生消毒，确保空气流通。

稳定性：提供稳定、可预测的日常生活环境，使婴幼儿有安全感。

亲近关系：保育者应与婴幼儿建立亲密的关系，提供温暖、关怀和安抚。

同龄互动：提供与同龄婴幼儿互动的机会，促进社交技能的培养。

社交技能：帮助婴幼儿学习分享、合作、尊重和表达情感等社交技能。

丰富的玩具：提供各种各样的玩具，包括启发创造力和智力发展的玩具。

探索环境：提供安全的探索环境，鼓励婴幼儿触摸、探索、发现。

言语刺激：提供丰富的语言刺激，包括与婴幼儿交谈、讲故事、唱歌等。

阅读：鼓励阅读，提供适合年龄的图书，培养阅读兴趣和语言能力。

规律性：提供规律的作息时间，帮助婴幼儿建立安全感和信任感。

预测性：在活动和日常生活中提供预测性，使婴幼儿能够预测下一步的发生，增加他们的控制感。

知识和技能：保育者应具备相关婴幼儿发展知识和托育技能，能够有效地引导婴幼儿的发展。

关爱与尊重：保育者应以关爱和尊重的态度对待婴幼儿，了解并尊重他们的个体差异。

家庭参与：与家长保持密切联系，共同关心婴幼儿的发展，建立家园合作的良好关系。

信息共享：定期与家长分享婴幼儿的发展情况，共同制定婴幼儿的发展目标。

良好的托育环境能够提供安全、温暖、丰富的发展机会，帮助婴幼儿在身体、情感、社交和认知等多个层面全面发展。

（三）社交游戏对婴幼儿心理发展的作用

婴幼儿期是婴幼儿心理发展的关键时期，社交游戏在这个阶段发挥着重要作用。通过社交游戏，婴幼儿不仅获得了愉快的体验，还在游戏中学会了合作、分享、沟通，同时能够培养情绪管理和问题解决能力，培养多方面的心理能力。社交游戏对婴幼儿心理发展具有以下积极影响。

1. 促进语言发展

社交游戏为婴幼儿提供了语境，促使他们用语言进行交流。在游戏中，婴幼儿学会了模仿声音、词汇和句子，这对语言的学习和发展非常有益。当婴幼儿和其他人一起玩 peekaboo 游戏时，他们会学会掌握“嘘！”这个词汇，并在游戏中使用它，提高了他们的语言能力。

2. 培养社交技能

社交游戏帮助婴幼儿学会与他人互动，了解分享、合作和等待的概念。这些社交技能是他们日后建立良好人际关系的基础。

当婴幼儿与其他孩子一起参与堆积木游戏时，他们学会了合作，共同完成一个目标，培养了团队合作精神。

3. 发展情绪智能

在社交游戏中，婴幼儿学会了识别不同的情绪表达，理解自己和他人的情感。这种情绪智能的发展有助于他们更好地管理自己的情绪。当婴幼儿看到其他孩子哭泣时，他们可能会学会表达关心，例如拍拍对方的背，这种经历能够帮助他们理解情绪并学会关心他人。

4. 提高认知能力

社交游戏中常涉及规则和结构，婴幼儿需要理解并遵守这些规则。通过游戏，他们锻炼了记忆、观察和解决问题的能力，提高了认知能力。当婴幼儿玩“找出相同形状”的游戏时，他们需要观察、比较，这有助于培养他们的观察力和记忆力。

社交游戏为婴幼儿提供了一个丰富的学习环境，促进了他们语言、社交、情绪和认知等多方面的心理发展。在支持和引导下，适当的社交游戏对婴幼儿的健康心理发展具有积极的促进作用。

本章小结

本章围绕婴幼儿心理发展展开多方面阐述。首先在概述部分，明确了婴幼儿心理发展是其在成长过程中心理变化的过程，对其未来人格塑造、社会适应等极为关键，同时回顾了该领域的研究历程，展现其发展脉络。其次，婴幼儿心理发展阶段分为婴儿期与幼儿期，各阶段有独特心理特征与发展任务，这是理解他们行为与心理的基础。婴幼儿在发展过程中面临诸多挑战，像早期情绪问题及发育问题等。早期干预意义重大，及时发现并介入能改善婴幼儿心理健康状况。对于早产儿、生理异常或家庭问题等特殊情境影响下的婴幼儿的心理发展，更需要特别关注与科学应对。最后，家庭与社会环境影响深远。家庭氛围方面，温馨和谐、妥善处理冲突、合理设定规矩界限以及给予陪伴鼓励，有利于婴幼儿的情感发展；父母的爱、积极沟通、合理规矩与尊重对婴幼儿自尊心的建立至关重要。托育环境中，良好的同伴交往、专业保育者引导、社交规矩学习等能提升婴幼儿社会交往能力，且有相应评价标准衡量其是否适宜。社交游戏则从语言、社交技能、情绪智能、认知能力等多维度促进婴幼儿心理发展。综合而言，本章内容涵盖了婴幼儿心理发展的多个方面，从情感、社交到认知，从家庭环境到托育环境，为理解婴幼儿心理发展提供了全面的视角。通过了解这些知识，能为婴幼儿营造更有利的成长环境，助力其心理健康发展。

同步练习

一、选择题

1.（　　）是促使婴幼儿学习与发展的重要因素。

A. 高智商的遗传　　B. 家庭和社会环境

C. 基因突变　　D. 单一的教育模式

2. 社交游戏对婴幼儿心理发展的积极影响是（　　）。

A. 只能培养语言能力　　B. 帮助培养社交技能和情感智能

C. 只能提高认知能力　　D. 不会对心理发展产生影响

3. 婴幼儿的情感发展在早期如此重要的原因是（　　）。

A. 因为它可以提前预测婴幼儿的未来职业

B. 因为它对学术成就没有影响

C. 因为它建立了情感智能和社交技能的基础

D. 因为情感发展只在青少年时期发挥作用

4. 心理健康问题的早期干预策略包括（　　）。

A. 忽视问题，让其自行解决　　B. 提供稳定和亲密的环境

C. 忽略婴幼儿的情感表达　　D. 不介入，让其自己应对

5. 婴幼儿自尊心的建立（　　）。

A. 仅仅与个人努力有关　　B. 与家庭支持与保育者的尊重有关

C. 与婴幼儿的智商有关　　D. 仅仅与托育机构环境有关

二、简答题

1. 描述社交游戏对婴幼儿的重要性，包括语言发展、社交技能、情感智能和认知能力的培养。结合实际例子，阐述在哪些具体的游戏活动中，婴幼儿可以获得这些发展机会。

2. 阐述婴幼儿心理发展中可能面临的挑战，例如焦虑、抑郁等问题，以及这些问题可能对其长期发展造成的影响；详细探讨早期干预的策略，包括建立情感安全、提供专业支持、培养情感智能等方面的具体方法和措施。

3. 探讨家庭环境对婴幼儿心理发展的影响，包括家庭氛围、父母关系、家庭支持等因素；分析社会环境（如教育体系、邻里关系等）对婴幼儿心理发展的影响；结合具体案例或研究，说明这些环境因素如何塑造婴幼儿的性格和行为特点。

三、案例分析题

在一所托育中心，有一位名叫小明的两岁幼儿，他通常在社交互动中表现得比较内向，较少参与群体活动。他的父母在家庭环境中给予了很好的支持，但小明在托育中心的社交表现一直是个问题。请分析小明的社交互动问题，并提出针对他的早期干预策略。在回答中，考虑小明可能面临的挑战、可能的原因，以及在托育环境和家庭支持方面应采取的具体措施。如有需要，你可以参考适用的心理学理论和相关研究来支持你的分析和建议。

第三章 婴幼儿生理发展

学习目标

知识目标

1. 了解婴幼儿生理发展的基本概念和范围；能够描述婴幼儿生理发展的定义和范围。

2. 掌握婴幼儿器官和系统的发育；能够说明婴幼儿不同器官和系统在 0 ～ 3 岁期间的发展情况。

3. 了解婴幼儿基本生理需求；能够描述婴幼儿的营养需求、睡眠模式和活动需求，以及相应的喂养和护理方法。

4. 认识婴幼儿的健康需求和常见疾病；能够辨识婴幼儿常见疾病的症状、预防方法和治疗策略。

能力目标

1. 能够应用所学知识，评估婴幼儿的生理发展状态；能够基于所学知识，分析并评估婴幼儿的生长曲线、饮食习惯和睡眠模式，提供合适的建议。

2. 能够识别并处理婴幼儿常见健康问题；能够识别婴幼儿的常见健康问题，如发热、呼吸道感染等，并采取相应的急救和治疗措施。

素养目标

1. 培养关心婴幼儿健康与安全的意识；能够意识到婴幼儿健康和安全的重要性，能够为婴幼儿的安全和健康环境提供建议。

2. 提高沟通与合作能力；能够与家长、保育者和医疗人员进行有效沟通，共同关心并提供婴幼儿的生理健康支持。

3. 培养责任心和敬业精神；能够体现对婴幼儿生理发展的责任感，保持对教育工作的热情，并在实践中持续学习，不断提高自身的教育水平。

案例导入

某托育机构中有一个两岁的小孩，名叫小娜。她的父母发现她最近总是不爱吃饭，睡觉也不安稳。他们开始担心小娜的健康状况。在和托育机构婴幼儿照护人员交流后，婴幼儿照护人员也发现小娜在托育机构的表现与以往不同，变得比较沉默，不再参与群体活动，这引发了大家的关注。

问题：

1. 从生理发展的角度，你认为可能导致小娜食欲缺乏和睡眠不安稳的原因有哪些？

2. 针对小娜的情况，你会提供什么样的生理发展方面的建议？

3. 你认为家庭和托育机构在小娜的生理发展中扮演了什么角色？

4. 从专业角度，你会建议小娜的家长和托育机构婴幼儿照护人员采取什么措施来改善她的状况？

5. 你如何解释婴幼儿的生理需求与心理状态之间的相互影响关系？

第一节　婴幼儿生理发展概述

婴幼儿生理发展的重要性不可忽视。在这个关键时期，婴幼儿身体各器官和系统的迅速发育奠定了其健康成长的基础。正常的生理发展不仅确保了大脑、心脏、肺等重要器官的健康功能，也促使智力、认知、情感和社交能力的全面提升。婴幼儿期的良好生理发展不仅影响着婴幼儿当下的身体素质，更直接关系到其成年后的健康状况。此时期的干预和关怀，不仅有助于形成婴幼儿健康的生活习惯，还为预防其潜在健康问题提供了机会。因此，提供充足的营养、适当的锻炼、健康的生活环境和及时的医疗干预，是确保婴幼儿生理发展顺利的关键。

一、婴幼儿生理发展的定义和范围

婴幼儿生理发展是指婴幼儿身体器官和系统的逐步成熟和功能提升的过程。这一阶段的生理发展是孩子健康成长的基础，包括大脑、心脏、肺部、骨骼、免疫系统等各个器官的发育。

在这一时期，家庭和社会环境的支持、合适的营养、健康的生活习惯和定期的健康检查都对婴幼儿的生理发展起着至关重要的作用。因此，给予婴幼儿良好的照护和关爱，确保他们在这个时期的生理发展是非常重要的。

二、婴幼儿身体比例和生长曲线

婴幼儿的身体比例和生长曲线是医学和发育生理学中常用的标准，用以评估婴幼儿的生长和发育是否正常。

（一）身体比例

头身比例：在婴幼儿时期，头部相对于身体的比例较大；随着年龄增长，身体与头部的比例逐渐均衡。

四肢长度：婴幼儿的四肢逐渐变长，手臂和腿部在生长中逐渐协调。

（二）生长曲线

身高生长曲线：身高生长曲线显示了婴幼儿在特定年龄段内身高的平均水平，通常以百分位数表示。例如，百分位数 50th 表示身高处于同龄婴幼儿的中位数。

体重生长曲线：体重生长曲线显示了婴幼儿在特定年龄段内体重的平均水平，也以百分位数表示，可以帮助评估体重是否偏轻或超重。

头围生长曲线：头围生长曲线用于评估头围的发育，异常的头围生长可能提示颅内问题。

（三）生长发育评估

标准体重指数（BMI）：用体重（千克）除以身高（米）的平方，用来评估婴幼儿是否超重或肥胖。

生长曲线图的使用：医生通常使用生长曲线图来跟踪婴幼儿的生长，如果婴幼儿的身高、体重或头围偏离了生长曲线，可能需要进一步评估。

（四）营养和生长

良好的饮食和均衡的营养对婴幼儿的生长发育至关重要。营养不良、慢性疾病、药物使用等因素都可能影响婴幼儿的生长发育。婴幼儿期是生长发育最迅速的时期，良好的营养对于婴幼儿的健康和发育至关重要。

1. 母乳喂养或配方奶喂养

母乳喂养：母乳是最完美的婴儿食品，提供了婴幼儿所需的营养和抗体。根据世界卫生组织的推荐，母乳喂养最好延续至婴儿至少 6 个月，同时逐渐引入辅食。

配方奶喂养：如果母乳不足或无法喂养，应选择适合婴幼儿的配方奶，根据医生或营养师的建议选择合适的品牌和种类。

2. 辅食的引入

时间：一般在婴儿 6 个月左右开始引入辅食，但要根据婴儿的发育和兴趣来决定。

多样性：引入多种不同的食物，包括蔬菜、水果、谷物、蛋白质（如肉、鱼、蛋、豆类）等，确保多样性和均衡性。

3. 均衡的营养

碳水化合物：提供能量的主要来源，应以全谷类（如糙米、全麦面包）为主。

蛋白质：重要的组织建造材料，来源包括肉类、鱼类、鸡蛋、豆类等。

脂肪：提供能量，但要选择健康的脂肪，如来自鱼、坚果、橄榄油的脂肪。

维生素和矿物质：维生素 A、维生素 C、维生素 D、铁、钙等，可以通过水果、蔬菜、奶制品、坚果等食物获取。

4. 饮水

母乳或配方奶为主：在引入辅食后，也可适量给予水，但不要用水代替母乳或配方奶，因为水中不含足够的营养。

5. 避免添加糖和盐

糖：避免添加糖，包括果汁，因为过多的糖分摄入与肥胖和龋齿有关。

盐：婴幼儿期不需要额外的盐，食物中自然含有足够的盐分。

6. 避免过多的加工食品

加工食品：尽量避免给婴幼儿过多的加工食品，尤其是含有防腐剂、人工色素和高糖分的食品。

家长在为婴幼儿选择食物时，应根据以上建议，保证食物的多样性和均衡性，确保婴幼儿获得充足、均衡的营养，促使他们健康成长。在选择食材和烹饪方法时，最好咨询专业的医生或营养师的建议，或参考权威的资料，如中国学龄前儿童平衡膳食宝塔（见图 3－1）。

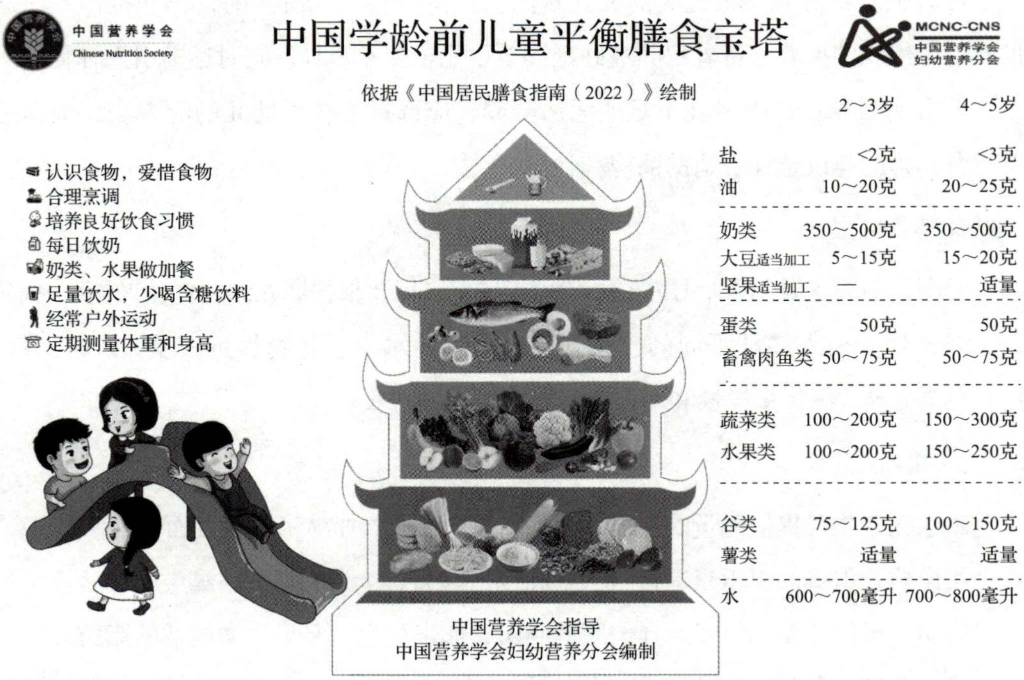

图 3－1　中国学龄前儿童平衡膳食宝塔

第二节　婴幼儿基本生理需求及照护

婴幼儿的基本生理需求是构建其健康体魄和全面发展的重要基石，满足其基本生理需求不仅仅是满足身体需求，更是在爱与关怀中培养健全的身心，为婴幼儿幸福成长奠定了坚实的基础。

一、营养需求

婴幼儿在成长过程中需要丰富的营养来支持身体发育。

母乳或配方奶：婴幼儿的主要营养来源应是母乳或适用的配方奶。在 6 个月内，这是婴幼儿唯一的饮食来源。

辅食：从6个月开始，引入适当的辅食，包括米粉、蔬菜泥、果泥等。逐渐引入多样化的食物，确保蛋白质、维生素和矿物质的摄入。

水分摄入：提供足够的水分，但不要用水代替母乳或配方奶。

二、睡眠需求

规律的睡眠是婴幼儿生长发育的关键，良好的作息习惯有助于巩固记忆、促进神经系统的发育。

规律的作息：婴幼儿每天需要16～18小时的睡眠时间，所以应培养婴幼儿良好的睡眠习惯。

安全的睡眠：将婴儿放在安全的睡眠环境中，避免共睡，确保婴儿睡在坚固的婴儿床上，周围没有松动的床上用品。

三、运动和活动

适当的运动可以促进婴幼儿的身体协调性和力量发展。比如，给予婴幼儿安全的游戏空间，鼓励他们进行爬行、翻滚、站立等活动。同时，陪伴他们参与户外活动，有助于促进其肌肉和骨骼的发展。经常带婴幼儿到户外接触自然环境，也可以促使他们认识世界。

四、个人卫生

保持婴幼儿的个人卫生有助于预防疾病。例如：每天或隔天洗澡，使用温和的婴儿洗浴产品，确保洗澡水温适中；从牙齿开始生长时就开始注意口腔卫生，使用婴幼儿牙刷和特制的牙膏轻轻刷洗。

五、医疗保健

定期体检和预防常见疾病是婴幼儿健康的基础。例如：遵循医生的建议，进行定期体检（见表3-1），接种疫苗，确保健康成长；保持环境清洁，避免交叉感染，预防传染病和常见疾病的发生。

表 3－1 婴幼儿定期体检计划表

体检次数	时间	体检项目	参考
第 1 次	出生时	测体重、身高、头围、呼吸、刺激后反应、皮肤颜色、心率以及肌张力	平均身高：50cm 平均体重：3kg
第 2 次	42 天	测体重、身高、头围、胸围、囟门大小，看脐带是否脱落、有无渗血渗液	平均身高：54cm 平均体重：4kg
第 3 次	2 个月	测体重、身高，测量头围以及囟门，听诊心脏，看臀纹是否对称	男：身高：55.5 ～ 60.7cm 体重：4.3 ～ 6.0kg 女：身高：51.2 ～ 55.8cm 体重：4.0 ～ 5.4kg
第 4 次	4 个月	测体重、身高，测量头围、囟门，听诊心脏，测量胸围，观察抬头、翻身，验血	男：身高：61.0 ～ 66.4cm 体重：5.7 ～ 7.6kg 女：身高：59.4 ～ 64.5cm 体重：5.3 ～ 6.9kg
第 5 次	6 个月	测体重、身高、头围、胸围、囟门，观察独坐情况、动作发育、口腔、出牙数量	男：身高：65.1 ～ 70.5cm 体重：6.9 ～ 8.8kg 女：身高：63.3 ～ 68.6cm 体重：6.3 ～ 8.1kg
第 6 次	9 个月	测体重、身高、头围、胸围、囟门，观察独坐、爬行、发音、动作发育，进行口腔检查	男：身高：68.3 ～ 73.6cm 体重：7.8 ～ 9.8kg 女：身高：66.4 ～ 71.8cm 体重：7.2 ～ 9.1kg
第 7 次	12 个月	测体重、身高、头围、胸围、囟门，观察是否会叫爸妈、走路、动作发育、牙齿数	男：身高：73.4 ～ 78.8cm 体重：9.1 ～ 11.3kg 女：身高：71.5 ～ 77.1cm 体重：8.5 ～ 10.6kg
第 8 次	18 个月	常规检查、发音情况、走路动作发育、口腔检查，评价智能发育，检查骨骼	男：身高：79.4 ～ 85.4cm 体重：10.3 ～ 12.7kg 女：身高：77.9 ～ 84.0cm 体重：9.7 ～ 12.0kg

续表

体检次数	时间	体检项目	参考
第 9 次	2 周岁	检查身高、体重、心肺、语言、听力、血常规、体智发育	男：身高：84.3 ～ 91.0cm 体重：11.2 ～ 14.0kg 女：身高：83.3 ～ 89.8cm 体重：10.6 ～ 13.2kg
第 10 次	3 周岁	检查身高、体重、心肺、语言、听力、血常规、体智发育	男：身高：91.0 ～ 98.7cm 体重：13.0 ～ 16.4kg 女：身高：90.2 ～ 98.1cm 体重：12.6 ～ 16.1kg

婴幼儿的基本生理需求及照护是家长和照顾者在日常护理中应该重点关注的方面，良好的照护和关爱对于婴幼儿的身体健康和心理健康发展至关重要。

第三节　婴幼儿健康与意外伤害预防

婴幼儿时期是生命发展中最为关键的阶段，也是身体和心智快速发展的时期。在这个阶段，婴幼儿的健康状况直接影响着他们的成长、学习和未来的生活。因此，了解婴幼儿的健康需求和常见疾病，具备预防和应对的知识和技能显得尤为重要。为了确保婴幼儿的健康成长，家长和教育者不仅需要了解婴幼儿常见健康问题和预防措施，还应该知晓急救知识，以便在紧急情况下迅速采取适当的措施。这一节我们将深入探讨婴幼儿的生理发展、常见健康问题及其预防方法，以及应对常见疾病的策略，帮助您更好地了解和应对婴幼儿的健康挑战，保障他们的身体和心理健康。

一、常见健康问题及其预防方法

（一）营养与饮食

在婴幼儿时期，正确的营养摄入对健康成长至关重要。新生儿的主要食物来源是母乳或配方奶，它们提供了婴儿成长所需的大部分营养。世界卫生组织推荐母乳喂养至婴儿6个月大。随着婴儿的成长，应逐渐引入适合其年龄的固体食物，包括蔬菜、水果、全谷物和适量的肉类。为保证食物多样性和均衡性，家长应该遵循儿童营养专家的建议，避免婴幼儿摄入过多的糖分和盐分，并确保婴幼儿摄入充足的钙和铁。

（二）免疫接种

定期的疫苗接种是预防许多严重甚至可能致命的传染病的关键手段。家长应确保按照国家或地区公共卫生部门推荐的时间表为婴幼儿接种疫苗，包括但不限于乙型肝炎、百日咳、麻疹、腮腺炎和风疹等。

（三）日常护理

保持婴幼儿的皮肤清洁和干燥，可有效预防尿布疹和湿疹等皮肤问题。定期检查口腔健康，尤其是第一颗乳牙萌出后，就应该开始使用软毛牙刷轻轻为婴幼儿清洁牙齿。此外，确保婴幼儿有足够的休息和活动时间，以及安全的睡眠环境，比如使用合适的婴儿床和避免在床上放置潜在的导致窒息危险的物品。

二、应对常见疾病的策略

（一）呼吸道感染

婴幼儿由于免疫系统尚未完全发育成熟，更容易受到呼吸道感染的影响，如感冒、流感和肺炎等。家长应确保婴幼儿远离有病菌的环境，比如避免带婴儿去人多拥挤的地方，保持良好的手部卫生习惯，并及时为其接种流感疫苗和其他相关疫苗。

（二）消化系统问题

婴幼儿的消化系统仍在发育中，可能会遇到腹泻或便秘等问题。维持良好的饮食习惯，提供高纤维的食物和足够的水分可以帮助缓解便秘。对于腹泻，重要的是防止脱水，及时补充电解质等，必要时寻求医生的帮助。

（三）皮肤问题

常见的皮肤问题包括湿疹和尿布疹。为预防这些问题，应选择适合婴幼儿敏感肌肤的护肤品，定时更换尿布，并确保皮肤完全干燥后再换上新的尿布。若出现严重的皮肤问题，应及时向皮肤科医生咨询。

婴幼儿的健康与常见疾病关系到他们的生长发育和生活质量。家长应当具备基本的健康知识，定期带婴幼儿进行健康检查，合理安排饮食和休息，避免可能的疾病风险，确保婴幼儿健康成长。

第四节　婴幼儿生理发展评价

婴幼儿的生理发展评价是一项关键的任务，它不仅关乎婴幼儿个体的健康成长，也是了解他们整体发展状况的窗口。通过系统性的观察、测量和分析，可以深入了解婴幼儿的身体和神经系统发展、感知觉能力、运动协调能力、认知能力、语言发展、社交情感等方面的表现。这种评价不仅有助于发现潜在问题和发展异常，还可以为家长、教育者和医疗人员提供重要的参考，制订个性化的干预计划，促使婴幼儿在身心发展上获得最全面的支持与关怀。通过深入研究和评价，能够更好地了解婴幼儿的生理发展轨迹，确保他们迈入健康、快乐的童年。

一、发育里程碑评估

通过观察婴幼儿的发育里程碑，如抬头、翻身、爬行、站立等，评估其生理运动能力和神经系统发育水平。这种评估可以帮助家长和教育者了解婴幼儿在生理上是否与同龄婴幼儿保持一致。通过观察婴幼儿的发育里程碑，可以了解他们的运动和神经系统发展状况。例如，一个六个月大的婴儿应该能够翻身，如果某个婴儿在这个阶段无法完成这个动作，可能暗示着神经发育问题，需要及时关注和干预。

二、体格测量

定期测量婴幼儿的身高、体重、头围等生理指标，将其与标准生长曲线进行比较，可以帮助了解婴幼儿的生长状态。比如，一个两岁的幼儿体重远低于同龄幼儿的平均水平，可能意味着营养不良或其他健康问题，需要医生进行进一步的评估和建议。体格测量可以帮助判断婴幼儿的生长发育是否符合正常范围，及时发现生长异常或健康问题。

三、运动协调评估

观察婴幼儿的运动协调能力，包括手眼协调、肢体协调等。这种评估可以帮助了解婴幼儿的运动发展是否正常，是否存在运动障碍或神经系统问题。例如他们是否能够抓取物体或者用勺子吃饭。如果一个三岁的幼儿无法完成基本的手部动作，可能表明他的运动发展存在问题，需要康复专家进行干预。

四、感知觉评估

评估婴幼儿的感知觉能力，包括评估婴幼儿的视觉、听觉、触觉等能力。观察他们对周围环境的反应，判断感知觉能力是否与年龄相符，是否存在异常或敏感度问题。例如，一个一岁的婴儿如果不能够追踪移动的物体，就可能存在感知觉问题，需要神经科医生进一步评估。

五、认知能力评估

通过观察婴幼儿的认知行为，如模仿、记忆、解决问题等，评估其认知能力的发展水平。认知能力评估可以帮助了解婴幼儿的学习和思维发展情况，判断是否存在认知障碍或学习困难。比如，观察一个两岁的幼儿是否能够按照指令完成简单的任务，如找到房间里的玩具，从而对其认知能力进行评估。认知评估有助于发现婴幼儿智力发展的异常，为早期教育提供指导。

六、语言发展评估

评估婴幼儿的语音表达和语言理解能力，包括语言的流畅度、词汇量、语法结构等。语言发展评估可以帮助了解婴幼儿的语言发展阶段，及时发现语言障碍或发育异常。例如，观察一个三岁的幼儿是否能够流利地说出常见的词汇，并理解简单的故事，从而对其语言发展进行评估。语言发展评估有助于早期发现语言障碍，提供及时的语言治疗。

七、社交情感评估

观察婴幼儿的社交互动、情绪表达和情感交流能力，评估其社交情感发展水平。这种评估可以帮助了解婴幼儿的人际关系和情感健康状态，及时发现社交障碍或心理问题。例如，观察一个三岁的幼儿是否能够与其他婴幼儿进行简单的互动游戏，并且展现出适当的情感表达。社交情感评估有助于发现孤独症等社交发展障碍，为早期干预提供基础。

婴幼儿生理发展评价不仅仅是一种测量，更是对婴幼儿整体发展状况的了解和分析。科学的评估可以帮助家长、教育者和医疗人员及时发现潜在问题，采取有针对性的干预措施，促使婴幼儿在生理发展上达到最佳状态。

知识链接

婴幼儿生理发展部分前沿理论

婴幼儿脑发育的关键期理论：该理论强调婴幼儿时期是大脑发育的关键时期，各种感官和运动经验在这个时期对大脑的结构和功能产生深远影响。研究者通过神经影像学等技术揭示了婴幼儿脑部结构的发展和活动，进一步加深了对婴幼儿大脑发育的理解。

早期干预和刺激性环境对脑发育的影响：研究表明，早期的刺激性环境和良好的亲子互动对婴幼儿脑发育至关重要。早期干预项目，如早期教育、音乐疗法等，被认为可以促进婴幼儿大脑的神经连接和细胞发展。

婴幼儿生物钟研究：近年来，研究者开始关注婴幼儿的生物钟和睡眠模式。了解婴幼儿的生物钟有助于优化日常护理和教育安排，确保他们得到足够的休息和睡眠，促进生理发育。

遗传与环境的互动：研究者在探讨婴幼儿生理发育时，逐渐认识到遗传与环境之间的复杂互动。基因对婴幼儿的生理发展有一定影响，但环境刺激、营养和教育等因素也在塑造婴幼儿的生理特征和能力方面发挥着关键作用。

婴儿早期感知觉的研究：对婴儿早期感知觉的研究不断深入，包括视觉、听觉、触觉等感知能力的发展。了解婴儿的感知觉能力有助于设计更切合实际的早期教育和刺激性环境。

这些前沿理论和主流观点不仅为婴幼儿生理发展领域的研究提供了新的视角和方法，也为婴幼儿教育和家庭护理提供了更科学的指导。

本章小结

本章深入探讨了婴幼儿生理发展的方方面面。首先，概述了婴幼儿生理发展的相关知识，包括身体器官和系统的发展、身体比例和生长曲线、均衡营养膳食的标准等。其次，深入探讨了婴幼儿的基本生理需求与照护，包括饮食、睡眠、运动、卫生等方面，强调了良好照护对婴幼儿的健康成长至关重要。在接下来的部分，关注了婴幼儿健康与常见疾病，探讨了早期疾病迹象的识别和相应干预策略，同时也探讨了特殊情境下的心理发展与干预。最后，深入介绍了婴幼儿生理发展的评价方法，包括发育里程碑、感知觉、认知能力、语言发展等多个方面，为婴幼儿健康发展提供了科学依据。通过这些内容的学习，读者应该更加强烈地认识到，早期关爱和科学的照护对婴幼儿的全面发展至关重要，这也将指导一线婴幼儿照护人员在实践中更好地促进婴幼儿的身心健康成长。

同步练习

一、选择题

1. 婴幼儿生理发展的（　　）在 0 ～ 3 岁时期起到至关重要的作用。

A. 情绪发展　　B. 社交技能　　C. 大脑发育　　D. 运动能力

2. 下列（　　）属于婴幼儿的基本生理需求。

A. 使用电子设备的时间　　B. 适当的锻炼

C. 社交媒体的使用　　D. 高糖食品摄入

3. 早产儿通常面临的心理健康问题是（　　）。

A. 抑郁症　　B. 焦虑症

C. 注意缺陷多动障碍　　D. 孤独症谱系障碍

4. 在婴幼儿生理发展评价中，（　　）是“发育里程碑”。

A. 生长曲线图　　B. 发育的关键时期

C. 发展阶段的标志性事件　　D. 体重和身高的比值

二、简答题

1. 请简要说明为什么婴幼儿生理发展的早期阶段对整个生命发展至关重要。

2. 解释婴儿生长曲线的概念，并指出它在婴幼儿健康评估中的作用。

3. 简述早产儿可能面临的心理健康问题，并探讨早期干预的重要性。

三、案例分析题

1. 小明是一名早产儿，出生时体重较轻。现在他已经两岁了，但在语言发展方面相较于同龄人稍显滞后。请分析可能导致他语言发展迟缓的生理因素，并提出有针对性的干预建议。

2. 小红是一名出生时体重正常的婴儿，但她在 6 个月时体重增长开始缓慢。请探讨可能导致她体重增长缓慢的生理因素，并提出改善她营养状况的建议。

第四章 婴幼儿认知学习与发展

学习目标

知识目标

1. 理解并掌握婴幼儿认知发展的基本概念，包括认知发展的定义、主要阶段和相关理论。

2. 理解婴幼儿感知觉发展的特点，包括各种感觉器官的发展和感知觉整合的过程。

3. 了解婴幼儿智力发展的关键特征，包括早期智力的发展里程碑和影响因素。

能力目标

1. 能够分析和比较不同的认知发展理论，理解这些理论对婴幼儿学习与发展的影响。

2. 能够识别和解释婴幼儿感知觉发展中的问题和障碍，提出相应的干预和支持方法。

3. 能够分析婴幼儿智力发展的影响因素，包括家庭、教育和社会文化等方面的影响。

素养目标

1. 培养对婴幼儿认知学习与发展的兴趣，增强对婴幼儿心理发展的关心和责任感。

2. 培养观察、分析和解决问题的能力，能够在实践中运用所学知识解决婴幼儿认知学习与发展中的实际问题。

3. 培养团队合作和沟通能力，在小组讨论和项目研究中积极参与和合作，共同探讨婴幼儿认知学习与发展的问题。

案例导入

在某托育机构中，工作人员观察到一位2岁的幼儿小明表现出对周围环境的高度好奇和积极探索。当放置不同形状和颜色的积木在他面前时，他会尝试用手抓取、触摸、咬一咬，并试图将积木插入小孔中。这引起了婴幼儿照护人员的兴趣，他们想了解这种行为背后的认知学习与发展。

思考：

1. 小明的行为表现出哪些婴幼儿认知学习与发展的特征？

2. 根据皮亚杰的认知发展阶段理论，小明目前处于哪个阶段？他的行为符合该阶段的特点吗？

3. 小明在玩耍积木的过程中展现出哪些感知觉发展的技能？这些技能如何帮助他认知环境？

4. 在婴幼儿智力发展中，小明的行为如何反映出早期智力的发展里程碑？

5. 工作人员在日常教育中应该如何引导和支持小明的认知学习与发展？

第一节 婴幼儿认知学习与发展概述

认知发展，即智力的成长和知识的积累，是婴幼儿时期至关重要的一部分。这个时期，孩子们像海绵一样接收着世界的信息，构建着自己的认知世界。在这个迷人的过程中，婴幼儿展现出令人惊叹的观察力、好奇心和学习能力。婴幼儿的认知发展在很大程度上由遗传和环境共同塑造。每一个婴幼儿都是独特的个体，从出生时就开始与周围环境互动。通过观察周围的人和事，婴幼儿开始建立起自己的基本认知结构。他们从感知世界的各种方式中获取信息，发展出对颜色、形状、声音和触感的感知。在这个阶段，简单的游戏和亲子互动不仅仅是娱乐，更是婴幼儿认知发展的关键。在认知发展的早期阶段，婴幼儿表现出对周围一切事物的浓厚兴趣。另外，婴幼儿的语言认知也是认知发展的关键部分。在婴幼儿认知发展的初期，游戏被认为是最好的学习方式之一。总的来说，婴幼儿认知发展是一个神秘而又美好的过程，是孩子们从“什么都不懂”到“懂得很多”之间的探索之旅。在这个旅程中，人们能够看到智慧的种子在每个婴幼儿心中生根发芽，这是未来知识和技能的基石，也是他们成为未来世界的创造者和领导者的源泉。

一、认知发展的定义与重要性

认知发展是指个体从婴儿时期开始，经历一系列逐渐复杂的认知过程，包括感知、思维、语言、记忆、问题解决等能力的逐渐形成和提高的过程。这一过程涉及知觉、记忆、语言、思维等方面的发展，是个体逐渐理解和应对周围环境的能力的提高。

认知发展的重要性主要体现在以下方面。

（一）建立基础知识

认知发展帮助婴幼儿建立基础知识，理解世界，认识事物的属性和关系，这是后续学习的基础。例如，婴幼儿通过感知周围环境，学会辨别颜色、形状和声音。当婴幼儿学会将不同形状的积木放入相应的孔洞中时，就表示他们已经建立起了关于形状和空间的基础知识。

（二）培养解决问题的能力

认知发展让婴幼儿学会观察、分析和解决问题的能力，为日后的学习和生活打下坚实基础。婴幼儿在游戏中遇到障碍，学会寻找解决问题的方法。例如，当一个玩具掉到了桌子底下，婴幼儿可能会用手或者物体试图取回，这是一种解决问题的尝试。

（三）促进社会交往

良好的认知发展使婴幼儿能够更好地理解他人的需求和情感，对婴幼儿建立友好关系、培养合作精神至关重要。婴幼儿学会模仿他人的表情和动作，这种模仿是对他人情感和行为的理解，促进了社会交往的能力。例如，当一个婴儿看到别的婴儿哭泣时，他可能会模仿哭声，表现出对别人情感的理解。

（四）提高语言能力

认知发展与语言发展紧密相连，它不仅使婴幼儿具备了更好的语言理解能力，也帮助他们逐渐掌握了语言表达的技巧。随着认知的发展，婴幼儿能够理解并逐渐使用简单的词汇。例如，他们能够听懂并回应“妈妈”“爸爸”等基本的语言，逐渐学会使用这些词汇进行交流。

（五）增强记忆力

通过认知发展，婴幼儿的记忆力得到锻炼和提高，这使他们能够更好地记忆学习内容。婴幼儿在游戏和学习中会遇到各种各样的信息，通过认知发展，他们能够记住并识别这些信息。例如，婴儿在游戏中学会了某种动作，可能会在下次的游戏中重复这个动作，表现出记忆的能力。

（六）培养创造力

良好的认知发展激发了婴幼儿的创造力和想象力，使他们更具创新意识，更愿意尝试新事物。认知发展使婴幼儿具备了更好的观察力和想象力。他们可能会用方木块模拟手机，发挥出非常丰富的想象力，这是创造力的体现。

（七）影响整个人生

早期的认知发展对整个人生的学习和思维方式会产生深远影响，甚至会影响一个人的职业选择和社会适应能力。早期的认知发展影响了婴幼儿后来的学习和思考方式。例如，一个婴儿在早期学会了良好的问题解决方法，他在托育机构学习时可能更有条理，更容易掌握复杂的知识。

因此，关注和促进婴幼儿的认知发展，是为他们提供更好未来发展机会的关键。

二、主要认知理论介绍

（一）皮亚杰的认知发展理论

瑞士心理学家让·皮亚杰（Jean Piaget）在20世纪初至中期提出了婴幼儿认知发展的四个阶段：感知运动期、前运算期、具体运算期和形式运算期。他认为婴幼儿通过与环境的互动，逐渐建立起对世界的认知和理解能力。认知发展理论对教育领域产生了广泛影响，推动了教育方法的改革，强调了学习者的主动参与和自主学习。

感知运动期（0至2岁）：在这个阶段，婴幼儿主要通过感官和运动活动来认知世界。他们开始发展基本的运动技能，了解物体的存在和消失，建立起基本的感觉和运动协调能力。

前运算期（2 岁至 7 岁）：幼儿在这个阶段开始发展简单的逻辑思维，但还不能进行抽象思维。他们能够理解符号、图像，并开始形成基本的语言能力。此时，幼儿常常受到具体形象的影响，缺乏逻辑推理能力。

具体运算期（7 岁至 11 岁）：在这个阶段，儿童开始具备逻辑推理和抽象思维的能力。他们能够处理具体的数学问题和逻辑推理，但仍然依赖于具体情境。例如，他们能够解决具体的数学问题，但难以理解抽象的数学概念。

形式运算期（11 岁至成年）：这个阶段标志着儿童进入了抽象思维的阶段。他们能够进行逻辑推理、抽象思考，处理符号和抽象概念，具备独立思考和解决抽象问题的能力。这个阶段的儿童能够进行更高层次的数学思维，掌握抽象数学概念，例如代数和几何。

在感知运动期，婴幼儿通过触摸、咀嚼、听觉和视觉等感官活动来认知周围环境。他们学会抓握物体、观察周围事物，建立起基本的空间概念。在前运算期，婴幼儿开始学会使用语言进行简单的交流，开始形成基本的社会认知。在具体运算期，婴幼儿逐渐学会处理具体的数学问题，例如加法、减法和乘法，但在处理抽象的数学概念时仍有困难。到了形式运算期，婴幼儿具备了抽象思维的能力，能够理解和应用抽象的数学概念，如代数方程和几何定理。

这些阶段代表了婴幼儿认知发展的重要里程碑，反映了他们逐渐从感性认知向理性认知的转变。这种转变不仅影响着婴幼儿学习和思维方式，也对教育方法提出了具体要求，需要根据不同阶段的认知特点设计相应的教学策略，以促进婴幼儿认知能力的全面发展。

（二）维果茨基的社会文化理论

心理学家列夫·维果茨基（Lev Vygotsky）在 20 世纪初至中期提出了文化与社会环境对个体认知发展的影响。他强调了社会互动、文化工具（如语言）在婴幼儿认知发展中的重要作用，提出了“最近发展区”和“远期发展区”等概念。维果茨基的理论影响了教育、心理学和语言学等领域，促进了协作学习和文化教育的发展。

最近发展区（Zone of Proximal Development，ZPD）：维果茨基提出了“最近发展区”的概念，指的是婴幼儿在有帮助的情况下能够完成，但无法独立完成的任务。这个区域代表了婴幼儿当前的认知能力水平，但在有指导和支持的情况下，他们能够完成更高层次的任务。这强调了婴幼儿照护人员和社会环境的重要作用，通过提供适当的支持，帮助婴幼儿完成他们潜在的认知发展。

文化工具的角色：维果茨基认为，文化工具，特别是语言，是婴幼儿认知发展的关键。语言不仅是一种沟通工具，还是思维和问题解决的工具。通过语言，婴幼儿能够学习社会的价值观、规范和知识。他强调了语言在知识传递和认知发展中的重要性，也强调了社会文化环境对婴幼儿认知发展的塑造作用。

远期发展区：这个概念指的是婴幼儿在有帮助的情况下无法完成的任务。这些任务超出了婴幼儿当前的认知水平，但可能通过更多的指导和学习逐渐成为最近发展区的任务。维果茨基的观点强调了教育应该关注婴幼儿的潜在能力，提供适当的挑战，以促使他们发展到更高的认知水平。

在维果茨基的理论中，教育者和社会环境被视为促使婴幼儿认知发展的关键因素。通过了解婴幼儿的最近发展区，教育者可以为他们提供恰当的支持和引导，帮助他们完成当前难度适中的任务。同时，维果茨基的理论也强调了文化工具的重要性，尤其是语言，它不仅是信息传递的媒介，还是思维和问题解决的工具，通过语言，婴幼儿能够接触到更广泛的知识和观念。远期发展区的概念提醒人们，婴幼儿有着巨大的潜能，教育应该激发并引导他们的潜能，使他们能够不断发展和进步。维果茨基的社会文化理论为教育实践提供了深刻的启示，引导着婴幼儿照护人员更好地理解婴幼儿的认知发展，并在教育中提供有针对性的支持和指导。

（三）加德纳的多元智能理论

美国心理学家霍华德·加德纳（Howard Gardner）在20世纪80年代提出了多元智能理论，认为智能不是单一的，而是包括语言智能、逻辑智能、空间智能、音乐智能、运动智能、人际智能和内省智能等多个方面。每个人在这些智能方面都有独特的潜能。多元智能理论推动了教育领域对不同智能类型的重视，促使教育方法更加多样化，适应不同学生的特长和需求。

多元智能理论强调，每个人在不同的智能类型上都有独特的潜能。这意味着一个人可能在音乐方面非常出色，而在逻辑方面相对较弱，或者在人际交往方面具备出色的才能，而在空间智能上表现一般。这种理论观点挑战了传统智商观念，强调了个体差异的重要性。

多元智能理论推动了教育方法的多样化。教育者应该意识到学生在不同智能领域具备不同的才能。因此，教学方法应该根据学生的智能特点进行个性化调整。例如，对于具有音乐智能的学生，教育者可以采用音乐教学法来激发他们的学习兴趣和潜能。

多元智能理论的提出强调了全面发展，不再仅仅注重传统学科知识，而是关注学生在各个智能领域的发展。这种理论观点引导着教育者更加关注学生的多元能力，培养学生在多个领域具备竞争力和创造力。

多元智能理论的提出为教育领域带来了重大变革。传统上，托育机构教育主要注重语言和数学方面的知识，而忽视了学生在其他智能领域的潜能。多元智能理论强调了每个人都具备多种智能类型，并且这些智能类型相互独立，不应该相互排斥。这种理论观点引发了教育领域对个性化教育的关注。

在教育实践中，教育者可以通过多种教学方法和评价方式，发掘学生在不同智能领域的才能。例如，采用音乐、艺术、体育等多种教学形式，激发学生的兴趣，促使他们在不同领域中得到锻炼和发展。同时，多元智能理论也提醒教育者，每个学生都是独特的个体，他们的学习方式和需求各不相同。因此，教育者应该采用多样化的教学策略，满足学生多元智能的发展需求，培养具备多方面才能的综合型人才。

（四）布鲁纳的建构主义理论

美国心理学家杰罗姆·布鲁纳（Jerome Bruner）于20世纪50年代提出了建构主义理论，认为婴幼儿通过观察、探索和互动来建构知识。他强调了教育应该关注学生的发现和问题解决，提倡启发式教学，促进了教育从传统的知识灌输转向学生主动探究，引领了现代教育方法的发展。

基于建构主义理论，布鲁纳提倡启发式教学，即通过激发学生的好奇心和探究欲望，引导他们主动发现和解决问题。这种教学方法鼓励学生独立思考、自主学习，培养了他们的问题解决能力和创造性思维。

布鲁纳强调了社会互动在认知发展中的作用。他认为，通过与他人的交流和合作，婴幼儿能够更好地理解世界，获得新知识。因此，教育者应该创造有利于学生互动的学习环境，促使他们在社交中建构知识。

建构主义理论改变了教育者的角色。传统上，教育者被视为知识的传递者，而在建构主义理论中，教育者更像是引导者和促进者。他们的任务是创造丰富多样的学习经验，激发学生的学习兴趣，引导他们探究世界。

布鲁纳的建构主义理论在教育领域引起了革命性的变化。他的理论观点强调了学生自主学习和问题解决的重要性，推动了教育方法的变革。传统的教学方式通常侧重于婴幼儿照护人员的讲解和学生的被动接受，而建构主义理论提醒人们，学习是一个主动的、个体内部的建构过程。教育者的任务不仅仅是传授知识，更重要的是激发学生的求知欲望，引导他们发现问题、提出问题，并通过互动和探究来建构知识。

启发式教学成为建构主义理论的重要实践方法。在启发式教学中，教育者提供开放性问题或者具有挑战性的情境，鼓励学生主动思考和探索。学生在这个过程中不断调整自己的认知结构，形成新的知识。这种学习方式培养了学生的创造性思维和解决问题的能力，使他们具备了更强的实际应用能力。

社会互动也是建构主义理论的核心概念。学生在与他人的交流和合作中，不仅仅学到了知识，还培养了沟通能力、合作精神和团队意识。因此，创造有利于学生互动的学习环境，成为建构主义教育实践的重要方向。

布鲁纳的建构主义理论对于教育领域的影响是深远的。它不仅改变了教育的方式，也改变了人们对学生学习过程的理解。学生不再被动地接受知识，而是主动地构建知识，通过自己的努力和探究，形成了独特的认知结构。这种学习方式更符合人的认知发展规律，也更有利于学生终身学习的培养。

以上认知理论为婴幼儿认知发展研究提供了深刻的理论基础，对教育实践和学术研究产生了重要影响。这些理论的提出者通过他们的研究，丰富了人们对婴幼儿认知发展的理解，推动了教育领域的创新和发展。

三、婴幼儿认知学习中的关键概念

（一）认知发展的关键阶段

根据皮亚杰的理论，婴幼儿认知发展的关键阶段包括感知运动期、前运算期、具体运算期和形式运算期。在感知运动期，婴幼儿通过感觉和运动探索世界，建立起基本的感知和动作技能。随着年龄增长，他们进入前运算期，开始发展简单的逻辑思维和语言能力。在具体运算期，婴幼儿能进行具体物体的操作和解决具体问题。在形式运算期，他们能够进行抽象思维，推理和解决抽象问题。

（二）认知发展的影响因素

婴幼儿认知发展受到多种影响因素的综合作用，包括遗传因素、家庭环境、社会互动和教育经历。遗传因素决定了婴幼儿的基本智力水平，而家庭环境则提供了学习和成长的基础。社会互动，尤其是与父母和同伴的互动，促使婴幼儿学习语言、情感和社交技能。教育经历则直接影响了婴幼儿的认知发展水平。

（三）潜在认知和显性认知

潜在认知是指那些婴幼儿虽然无法立即表现出来，但在适当的时机和环境下能够显现出来的认知能力。这种潜在认知在特定情境下得以激活，表现出婴幼儿的潜能。与之相对，显性认知是指婴幼儿能够直接展示和表达出来的认知能力，如语言、数学技能等。潜在认知和显性认知相互作用，共同构成了婴幼儿全面的认知能力。

这些关键概念在研究婴幼儿认知学习过程中起到了重要作用。了解婴幼儿认知学习的关键阶段、影响因素以及潜在认知与显性认知的关系，有助于教育者和家长更好地引导婴幼儿的学习，促进其认知能力的全面发展。

第二节　婴幼儿感知觉发展

一、婴幼儿感知觉的基本特征

婴幼儿感知觉的基本特征是指他们对外部世界的感知和感觉体验，这些特征在婴幼儿早期的发展中起到了关键作用。

（一）多感觉整合

婴幼儿具有多感觉整合的能力，即能够同时利用多个感官系统（如视觉、听觉、触觉、嗅觉和味觉）来获取信息。这种整合能力使他们能够更全面地理解和回应外部刺激。例如，婴幼儿在哺乳时不仅仅依赖于味觉，同时也会通过嗅觉辨别母乳的味道，通过触觉感受到母亲的温暖，通过听觉分辨出母亲的声音。这种多感觉整合帮助婴幼儿建立起对母亲的信任，同时也为他们后来的社交互动打下基础。

（二）针对特定刺激的敏感性

婴幼儿对某些特定刺激（如母亲的声音、面部表情、触摸等）表现出特别的敏感性。这种敏感性有助于他们建立起与主要照顾者的情感联系，同时也影响了他们的情感发展和社会互动。当婴幼儿听到母亲的声音时，他们可能会停止哭泣，安静下来。这种特定刺激的敏感性使得他们能够识别出熟悉的声音，建立起与照顾者的情感纽带。例如，当母亲唱歌给婴儿听时，婴儿可能会专注地听，因为他们对母亲的声音特别敏感。

（三）对运动和空间的感知

婴幼儿通过触摸和自身运动，逐渐发展出对物体运动和空间关系的感知能力。这种感知能力为他们在环境中的导航和探索提供了基础。婴幼儿在床上翻滚、伸手抓物体等活动，通过触觉和运动感知周围环境的空间。例如，当婴儿试图伸手抓住挂在摇篮上方的玩具时，他们通过触摸和运动的感知，逐渐掌握了抓握的技能。

（四）对颜色、形状和大小的辨识

随着感知系统的发展，婴幼儿逐渐能够辨识不同颜色、形状和大小。这种辨识能力是他们认知世界的重要基础，也为后续的学习和发展奠定了基础。当婴儿看到明亮的红色玩具时，他们可能会更加专注地凝视，因为红色在他们的视觉中更为显眼。在接触各种形状和大小的积木时，婴儿逐渐学会区分圆形、方形等不同形状，并探索哪些大小的积木更容易握住。

（五）长期记忆的形成

婴幼儿虽然在早期阶段对事件的记忆时间较短，但他们具备长期记忆形成的潜力。通过反复的经验和学习，他们能够将某些信息储存在长期记忆中，为日后的认知学习提供基础。当婴幼儿在早期多次经历某种声音或图像时，例如家庭中常听到的歌曲或母亲的笑容，这些经历可能会储存在他们的长期记忆中。随着时间的推移，他们可能会对这些熟悉的声音和图像产生积极的反应，表现出记忆的形成。

以上例子突显了婴幼儿感知觉的多样性和复杂性，显示了他们在早期阶段的感知觉能力的发展。这些例子也说明了环境对于婴幼儿感知觉发展的重要性，以及他们如何通过感知觉与外部世界进行互动和学习。这些特征展现了婴幼儿感知觉发展的多样性和复杂性，这些特征的形成对于婴幼儿后续的认知学习和情感发展具有重要意义。

二、婴幼儿感知觉的发展与整合

（一）视觉、听觉、触觉、嗅觉和味觉的发展

1. 视觉发展

新生儿出生后，视觉系统即开始发育，但最初的几周内，他们对于周围世界的视觉感知非常模糊。在出生后的头几个月，婴儿的视觉系统逐渐发展，他们开始能够更清晰地看到远近的物体，尤其是对于高对比度的物体更为敏感。家长需要注意提供适当的视觉刺激，例如使用黑白色块或颜色鲜艳的玩具，同时保持光线适度，避免强光直射婴儿的眼睛。

2. 听觉发展

胎儿在子宫内就能听到外部声音，但听觉系统在出生后继续发育，逐渐变得更为敏感。婴儿出生后的头几个月，对于高频声音和特定音调更为敏感，这也是他们开始学习语言的时期。家长需要注意与婴儿进行语言互动，讲故事、唱歌等，帮助他们发展语言和听觉技能。

3. 触觉发展

新生儿出生后即具有触觉感知，皮肤对于温度、压力和触摸的感知逐渐发展。刚出生的婴儿对于轻柔的触摸非常敏感，这对于建立母婴之间的情感纽带非常重要。经常与婴儿进行皮肤接触，例如抚摸、拥抱等，有助于加强亲子关系。

4. 嗅觉和味觉发展

新生儿即具有嗅觉和味觉感知能力，他们可以通过嗅觉辨别母乳的味道。在哺乳时，婴儿通过味觉和嗅觉感知食物的味道，这也是他们建立对于不同食物喜好的基础。家长需要注意为婴儿提供新鲜、适当的食物，帮助他们培养健康的饮食习惯。

这些感官的发展是婴幼儿认知学习的基础，家长在日常生活的互动中，通过提供适当的刺激和关爱，能够促使婴幼儿感觉系统健康发展。

（二）婴幼儿对外界刺激的反应和感知觉的整合

婴幼儿的大脑在早期阶段对外界刺激非常敏感。他们会通过各种感觉器官（视觉、听觉、触觉、嗅觉、味觉）感知周围的环境。这种感知能力使得他们对各种刺激有着明显的反应。

例如，在视觉方面，当婴幼儿看到亮丽的颜色或快速移动的物体时，他们可能会跟随目视或眼球追踪，表现出对视觉刺激的兴奋或关注。在听觉方面，他们对音乐、妈妈的声音或其他婴幼儿的笑声可能会作出积极的反应，如微笑或眨眼。在触觉方面，婴幼儿可能对轻柔的触碰产生舒适感，对强烈的触碰则可能会有不适的表现，如哭闹或挣扎。这些反应显示了婴幼儿对外界刺激的敏感性和对环境变化的积极回应。

婴幼儿感知觉的整合是指他们将来自不同感觉器官的信息融合在一起，形成对外界的综合认知。这种整合过程是婴幼儿认知发展的关键部分。

例如，当婴幼儿看到一个玩具（视觉刺激）并伸手去触摸它（触觉刺激）时，他们会将视觉和触觉的信息整合在一起，认识到玩具的形状、质地和大小。同样，当他们听到妈妈的声音（听觉刺激）并感受到妈妈的抚摸（触觉刺激）时，他们将这两种感觉整合在一起，建立起对妈妈的安全感和信任感。

这种感知觉的整合不仅帮助婴幼儿更全面地认知世界，还促使他们发展出更高层次的认知能力，例如对物体的持续性认知（当一个物体被遮挡时，婴幼儿仍然知道它的存在）和空间概念（如追踪运动物体的轨迹）。整合感知觉信息的能力为婴幼儿在日常生活中的学习和探索提供了基础。

三、感知觉发展与环境互动

婴幼儿的感知觉发展与周围环境的互动密不可分。在日常生活中，婴幼儿通过视觉、听觉、触觉、嗅觉和味觉等感官，不断接收来自外部世界的刺激。这些感官输入成为他们建构认知、理解世界的基础。他们通过观察和亲身体验，逐渐学会辨别颜色、形状、声音、触感和味道，并将这些信息与周围环境联系起来。在家庭、托儿所或其他社交场景中，婴幼儿的感知觉得到更丰富的刺激，例如与家人亲密互动、听取故事、参与游戏等。

这种感知觉与环境的互动不仅促使婴幼儿发展出对物体的持续性观念、空间认知和时间概念，还激发了他们的好奇心、探索欲望和社交技能。通过与父母、同伴的互动，婴幼儿不断地接触新事物、学习新技能，这促使他们的感知觉系统更加敏锐和发达。这种早期的感知觉发展奠定了后续认知、情感和社交发展的基础，对婴幼儿终身学习和适应环境起到了至关重要的作用。

环境在婴幼儿感知觉发展中扮演着关键角色。不同的环境刺激能够激发婴幼儿各种感官，塑造他们的认知和情感体验。例如，在丰富多样的家庭环境中，孩子可能接触到各种各样的玩具、音乐、颜色和形状，这种多样性的刺激可以促使他们的感官系统更加灵敏。在与家人的互动中，婴幼儿通过触摸、抚摸和视觉观察学习，建立起对于家庭环境的感知觉。例如，在与父母一起玩耍时，通过触碰不同的材质、听到不同的声音，他们逐渐学会了区分柔软和硬朗、嘈杂和安静等概念。

另外，托儿所和托育机构等社交环境也会对婴幼儿的感知觉发展产生影响。在这些地方，婴幼儿接触到更多的同龄伙伴，有机会参与集体游戏、合作活动，这不仅促进了他们的社交技能，也丰富了他们的触觉和视觉经验。例如，在托育机构的艺术课上，婴幼儿通过触摸颜料、纸张、黏土等各种材料，培养了触觉和创造力。在音乐课上，他们通过听不同的乐器声音，学会了区分不同的音调和节奏，拓展了听觉认知。

总之，环境的多样性和丰富性为婴幼儿提供了广泛的感知觉刺激，推动了他们各种感官的发展。通过与多样化的环境互动，婴幼儿逐渐建立起对世界的感知觉，为后续的认知、情感和社交发展奠定了基础。

知识链接

感知觉发展在婴幼儿学习中的作用

婴幼儿的感知觉发展在学习过程中起着至关重要的作用。这些感官包括视觉、听觉、触觉、嗅觉和味觉，是他们探索世界、理解事物、建立认知模式的窗口。以下是感知觉发展在婴幼儿学习中的关键角色，以及相应的例子：

启发好奇心和探索欲望：感知觉是婴幼儿初次接触外部世界的途径。通过触摸不同的纹理、观察各种颜色和形状，婴幼儿激发了对未知事物的好奇心。例如，当婴儿第一次触摸到柔软的毛绒玩具时，他们可能会对其质地产生兴趣，引发进一步的触摸和探索。

帮助建立感知觉和语言之间的连接：婴幼儿通过视觉观察和听觉感知，开始学习将外部世界的信息与语言建立联系。例如，当他们看到一只猫，听到"猫"的发音时，开始理解视觉和听觉信号之间的关系。

促进动手能力的发展：触觉是婴幼儿了解物体特性的重要途径。通过触摸不同形状的物体，他们发展了手部灵活性和手眼协调能力。举例来说，当婴幼儿尝试握住一个小球时，他们学会了所用力度和姿势，这是后来学习书写时所需的基本技能。

培养审美和艺术情感：视觉和听觉对艺术和美感的发展至关重要。通过观察美丽的图画、听悦耳的音乐，婴幼儿开始培养审美情感。例如，当他们欣赏到绚丽多彩的画作或听到悠扬动听的音乐时，这不仅仅是感知觉的体验，也是一种艺术审美的启蒙。

提高问题解决和决策能力：感知觉的发展帮助婴幼儿理解周围世界的规律和关系。通过观察和感知，他们学会了识别模式、比较大小、区分颜色等技能，为日后的问题解决和决策能力奠定了基础。例如，在学会区分形状和大小后，他们能够更好地选择合适的玩具或游戏对象。

婴幼儿的感知觉发展不仅仅是生理过程，更是认知、情感和社交发展的基石。通过各种感官的刺激和体验，婴幼儿能够建立起对世界的认知和理解，为未来更高层次的学习和成长打下坚实基础。

四、常见感知觉障碍及干预

常见的感知觉障碍包括视觉障碍、听觉障碍和触觉敏感等，这些问题可能会影响婴幼儿的感知觉发展和日常生活。以下是这些障碍的识别和干预方法。

（一）视觉障碍

视觉障碍包括弱视、斜视、眼球运动问题等。家长和教育者可以通过观察婴幼儿的眼睛是否有异常、是否对光源或视觉刺激有反应，以及是否出现不适应明暗环境等现象来识别问题。如果发现视觉问题，早期的康复训练和眼科治疗可以有效改善。例如，一名两岁的婴幼儿因斜视接受了眼部手术，并在手术后通过视觉训练加强了眼球运动协调能力。

（二）听觉障碍

听觉障碍包括听力减退或听觉过敏。婴幼儿可能对声音缺乏反应，不会模仿语音或无法辨别声音来源。早期的听觉测试可以帮助识别听觉问题。针对听觉障碍，医生和听力专家可能会推荐助听器或其他听觉辅助设备。例如，一名一岁的婴儿被诊断为耳聋，接受了助听器适应训练，并在家庭中接受了手语教育。

（三）触觉敏感

触觉敏感是一种对触觉刺激过度敏感的现象，可能导致婴幼儿对特定触感或触碰反应强烈。识别触觉敏感的方法包括观察婴幼儿对不同触感的反应，如避免或寻求特定触感。干预措施通常包括逐渐引入适度的触摸刺激，帮助婴幼儿逐渐适应。婴幼儿触觉敏感预防小游戏如表 4－1 所示。

表 4－1　婴幼儿触觉敏感预防小游戏

序号	小游戏	操作方式
1	洗澡游戏	孩子在浴缸内玩水。在安全范围内，可以将水温逐渐升高，让孩子的皮肤感受不同的水温带来的刺激
2	梳头游戏	尽量选用木梳，用梳子的尖端刺激孩子的头皮，也可以让孩子自己做，从而加强对头部和手部的触觉刺激
3	刷身游戏	用触觉刷（也可以用毛巾、海绵等替代）刷孩子的手臂、前胸、后背、足部，由轻柔慢慢地加大力度，让孩子逐渐适应。刷身的同时可以讲故事或唱歌，以免孩子紧张
4	挠痒游戏	让孩子躺在床或沙发上，抓挠他的腋下、胸口，依孩子的反应来控制用力的大小和刺激的强度，让孩子感受到不同力度对身体造成的影响
5	玩沙游戏	将淘洗干净的细沙放在大盆里，让孩子在里面玩耍，尤其要适当增加沙土与孩子的接触面。沙土可用纸、树叶、豆、米等代替

以上干预措施早期实施，可以帮助婴幼儿适应外部环境，促进婴幼儿感知觉的发展，提高他们的生活质量，增强他们的学习能力。

第三节 婴幼儿智力发展

一、智力发展的基本概念

（一）智力的定义和多元性

1. 智力的定义

智力是指个体获取、处理和应用信息的能力，它包括多个方面，如语言智力、逻辑智力、空间智力、音乐智力、运动智力、人际智力和内省智力。这些不同类型的智力构成了个体多元智能的基础。例如，一个孩子可能在语言智力上表现一般，而在音乐智力方面则展现出独特才能，显示了智力的多元性。

2. 智力的多元性

智力的多元性是指个体在不同领域具备独特的、相对独立的智能。这些智能类型互相联系，但也可以单独发展，呈现出多样性。婴幼儿时期，这种多元性显而易见，每个婴幼儿都有可能在某个特定领域展现出出色的才能。以下是对智力多元性的更详细说明，以及相应的案例：

（1）语言智力。这种智力类型指的是个体理解语言、运用语言进行沟通的能力。比如，一个两岁的幼儿可能在这方面表现出色，能够快速学会新单词，形成简单的句子，表达自己的需求和感受。

（2）逻辑智力。这种智力类型涉及个体理解逻辑关系、进行数学计算和解决问题的能力。例如，一个三岁的幼儿可能在解决简单数学问题上表现出色，能够理解数量概念和基本的数学操作。

（3）空间智力。这种智力类型指的是个体理解和操作三维空间的能力。举例来说，一个一岁的婴儿可能在搭积木时展示了其出色的空间认知能力，能够稳定地堆叠和组合不同形状的积木。

（4）音乐智力。这种智力类型指的是个体对音乐的感知和创造能力。一个三岁的幼儿可能在音乐领域表现出色，能够准确地模仿节奏和旋律，甚至表现出对乐器的特殊兴趣。

（5）运动智力。这种智力类型包括个体的运动协调和体育技能的发展。例如，一个三岁的幼儿可能在体育活动中表现出色，具备较好的运动协调性，能够掌握基本的体育技能。

（6）人际智力。这种智力类型指的是个体与他人相处、交流和理解他人情感的能力。举例来说，一个两岁的幼儿可能在人际交往中表现出色，能够理解他人的情感表达，并且善于与其他幼儿互动。

（7）内省智力。这种智力类型指的是个体对自己内心思想和情感的认知和理解能力。一个三岁的幼儿可能在内省智力方面表现出色，能够自我反思，理解自己的情感需求和内在动机。

这些例子凸显了婴幼儿智力的多元性，每个婴幼儿在不同领域都可能会展现出出色的才能。教育者和家长需要根据婴幼儿的兴趣和优势，提供相应的学习和发展机会。

（二）婴幼儿智力发展的主要特点

婴幼儿期是智力发展的关键阶段，其主要特点包括：

（1）快速发展。婴幼儿时期大脑神经元连接不断增加，认知能力得到显著提高，形成了基本的认知结构。

（2）经验依赖性。婴幼儿的智力发展受到周围环境和经验的影响，他们通过与环境的互动来学习和发展。

（3）阶段性特征。婴幼儿的智力发展呈现出明显的阶段性特征，如在语言发展上，婴儿期注重语音的感知和模仿，而幼儿期则开始建立语言的基本语法结构。

（4）个体差异。不同婴幼儿在智力发展方面存在个体差异，每个婴幼儿在各种智力领域都有自己的优势和特长。

二、婴幼儿智力发展的里程碑

（一）基本运动协调能力的发展

在婴幼儿时期，基本运动协调能力的发展对智力的提高起着重要作用。例如，当一个婴儿学会了爬行，他不仅仅是学会了一种动作，还培养了空间认知能力和肌肉协调性。这对将来学习更复杂的运动、解决问题以及发展更高层次的认知能力都至关重要。

例如，一个一岁的小宝宝学会了独立站立并迈出第一步，这标志着他的基本运动协调能力迈上了新的阶段。在这个过程中，宝宝学会了平衡、腿部肌肉控制、空间感知等，这些技能为他将来学会走路、奔跑、跳跃等更复杂的动作奠定了基础。

（二）想象力和创造力的初现

在婴幼儿时期，孩子们开始展现出想象力和创造力。他们可能开始模仿日常生活中的场景，如与玩偶之间的对话或假装煮饭。这种创造性的活动不仅仅是简单的模仿，而是展现了他们对世界的理解和创造性思维的初现。

比如，一个两岁的小女孩喜欢用积木搭建“城堡”，虽然这只是一些简单的方块，但她能够通过组合和构建，创造出自己想象中的世界。这种创造性的活动不仅促进了她的空间认知，还锻炼了她的手眼协调能力，为将来开展更复杂的创造性活动奠定了基础。

（三）语言发展与智力发展的关系

语言是智力发展的关键因素之一。通过语言，婴幼儿能够表达自己的需求、理解他人的指令，同时语言也是认知能力提高的媒介。丰富的语言经验可以激发婴幼儿思维，帮助他们理解抽象概念，发展逻辑推理能力。婴幼儿认知智力的不断提高，为他们将来进行更高层次的学习和思维活动奠定了基础。0～3 岁各月龄婴幼儿智力发展行为表现如表 4－2 所示。

表 4－2　0～3 岁各月龄婴幼儿智力发展行为表现

月龄	行为表现	具体表现
0～1 个月	注视反应	婴儿开始注视周围的物体，特别是亲近的人的脸
	眼神追随	婴儿能够追随移动的物体，显示出对视觉刺激的反应
	音频敏感性	婴儿能够分辨不同声音，特别是母亲的声音，这种敏感性有助于建立语言基础
2～4 个月	抓握反应	婴儿开始能够抓住和握住物体，展示出手眼协调能力的提高
	面部表情模仿	婴儿能够模仿成年人的面部表情，显示出对社交环境的敏感性
	笑声和回应	婴儿开始发出笑声，并对外界刺激做出积极回应，表现出兴奋和满足感

续表

月龄	行为表现	具体表现
4～6个月	自言自语	婴儿可以自言自语“咿呀”个不停，喜欢注视镜子中的自己，开始认生
	辅助坐立	婴儿有支撑能够独立坐一会儿，会喃喃自语，对于成人的话有反应，躺着的时候可以用不同的方式滚动身体
6～8个月	坐立	婴儿能够独立坐立，这显示了他们的躯体控制和平衡能力的提高
	抓取和放置	婴儿能够独立地抓取小物体，并尝试将物体放入容器中，展示了手部精细动作的发展
	模仿动作	婴儿可以模仿一些简单的动作，如拍手或挥手，这表明了对周围环境的观察和学习能力
8～12个月	扶物行走	婴儿可以扶物行走
	自我意识	婴儿开始认识到自己的存在
	手部动作	婴儿手部动作更加灵活，会拍手表示欢迎、摆手表示再见
	语言	婴儿懂得一些简单词语的词义，能说简单的单字
12～18个月	初步语言发展	幼儿开始说出简单的单词和词组，建立了语言沟通的基础
	模仿游戏	幼儿能够模仿成年人的动作，如使用玩具电话或假装喝茶，展示了对社交互动的兴趣
	物体辨识	幼儿能够辨识常见的物体，如“球”“狗”，这显示了幼儿对周围世界的认知和理解
18～24个月	语言爆发期	幼儿开始迅速增加词汇量，组成简单的句子，表达更多意思
	自我认知	幼儿开始认识到自己是独立的个体，能够用简单的语言表达自己的需求和情感
	角色扮演	幼儿开始模仿成年人的动作和角色，如假装喂娃娃、扮演医生等，展现出丰富的想象力
24～30个月	概念理解	幼儿能够理解一些基本的概念，如大/小、高/矮，并能够用简单的语言表述
	社交游戏	幼儿开始参与复杂的社交游戏，与其他孩子互动，学会分享和合作
	形状和颜色识别	幼儿能够识别基本的形状和颜色，如圆形、红色，展现了视觉感知的提高

续表

月龄	行为表现	具体表现
30～36个月	时间概念	幼儿开始理解一些时间概念，如早上、晚上，能够按照日常活动顺序进行简单的时间安排
	空间概念	幼儿能够理解空间关系，如上/下、前/后，开始懂得空间方向
	问题解决	幼儿能够面对简单问题，提出解决方案，表现出初步的问题解决能力

表4-2中的行为表现代表了婴幼儿在0～3岁阶段智力发展的重要里程碑，标志着他们的感知、运动和语言能力的逐步提高，为未来更高级别的学习和发展奠定了基础。

三、早期智力发展的影响因素

（一）家庭阅读环境、早期教育质量和情感关系对智力发展的影响

1. 家庭阅读环境

家庭中有丰富的书籍和阅读活动，鼓励婴幼儿阅读，可以促进婴幼儿语言智力的发展。例如，家长每天晚上都陪伴婴幼儿阅读故事书，培养了婴幼儿的语言理解和表达能力。

2. 早期教育质量

参加高质量的早期教育项目，接受系统性的认知和语言培训，能够提高婴幼儿的学习兴趣和认知能力。例如，参与启蒙教育课程，通过互动游戏和学习活动，培养了婴幼儿的观察力和记忆力。

3. 情感关系

稳定的家庭环境和亲密的父母关系对婴幼儿的智力发展至关重要。婴幼儿在受到充分关爱和安全感的环境中，更容易建立信任感，这有利于婴幼儿积极探索周围世界。例如，父母在孩子犯错误时给予正确引导，培养了婴幼儿的问题解决能力。

（二）社会文化因素对智力发展的影响

1. 语言环境

社会文化中使用的语言对婴幼儿的智力发展也有影响。生活在双语环境中的婴幼儿可能更容易发展出多语言能力，这提高了他们的语言智力。例如，家庭中使用两种或两种以上语言进行交流，培养了婴幼儿的语言灵活性。

2. 文化认知模式

社会文化背景塑造了婴幼儿的认知模式和思维方式。在不同文化中，人们对于问题解决、判断和推理的看法可能存在差异，这会影响婴幼儿的智力发展。例如，一些文化中更强调集体合作，培养了婴幼儿的团队合作智力。

以上因素与具体文化和家庭环境有关，不同的背景将对婴幼儿智力发展产生不同的影响。

本章小结

本章深入探讨了婴幼儿认知学习与发展的多个方面，涵盖了认知发展的基本概念、主要认知理论，以及婴幼儿智力、感知觉和情感发展等关键概念；介绍了婴幼儿认知学习与发展是一个多方面、多层次的过程，受到生物学、社会文化、家庭环境等多种因素的影响。不同的认知理论为人们提供了不同的视角来解释婴幼儿的认知学习过程，而婴幼儿的感知觉发展和智力发展则是认知学习的基础。了解这些知识不仅能够帮助教育者更好地引导婴幼儿的学习，还有助于家长更科学地培养孩子的认知能力。在教育实践中，婴幼儿照护人员需要综合运用各种认知理论，关注婴幼儿的感知觉发展，激发其智力潜能，为他们提供丰富多样的学习体验，以促进其全面健康发展。

同步练习

一、选择题

1.（　　）强调了婴幼儿通过观察、探索和互动来建构知识。

A. 皮亚杰的认知发展理论　　B. 维果茨基的社会文化理论

C. 加德纳的多元智能理论　　D. 布鲁纳的建构主义理论

2. 多元智能理论强调（　　）。

A. 智力是固定的、不可改变的

B. 每个人在多个智能领域都有独特的潜能

C. 智力只包括语言智力和数学智力

D. 智力的发展完全取决于遗传因素

3. 感知觉发展中，婴幼儿对外界刺激的反应和感知觉的整合（　　）。

A. 是先天确定的，与环境无关　　　　B. 随着年龄的增长逐渐减弱

C. 受到环境刺激和个体经验的影响　　D. 不受情绪状态影响

4. 早期智力发展（　　）。

A. 只受遗传因素影响

B. 受家庭环境、早期教育和情感关系的影响

C. 只受社会文化因素影响

D. 只受个体意愿影响

5.（　　）被认为是婴幼儿智力发展中的基本运动协调能力发展阶段。

A. 0 ～ 6 个月　　B. 6 ～ 12 个月　　C. 12 ～ 24 个月　　D. 24 ～ 36 个月

二、简答题

1. 解释维果茨基的社会文化理论，并说明其在婴幼儿学习中的实际应用。

2. 介绍一个你了解的婴幼儿感知觉发展的案例，包括起始时间、敏感期，以及家长在其中扮演的角色和应注意的事项。

3. 论述家庭环境、早期教育和情感关系对婴幼儿智力发展的影响，并提供相关的研究支持。

三、案例分析题

1. 某家庭有一位两岁的幼儿，家长希望促进孩子的智力发展。请分析该家庭可以采取的措施，包括适用的教育方法、游戏活动和环境创设，以及这些措施背后的认知理论。

2. 选择一个具体的智力发展阶段（如 18 ～ 24 个月），描述一个幼儿在该阶段的智力发展特点，并提供家长或教育者可以采取的方法，以支持儿童在该阶段的学习和发展。

第五章 婴幼儿动作学习与发展

学习目标

知识目标

1. 了解婴幼儿动作发展的概念及不同年龄段的动作发展水平。

2. 理解大动作和精细动作的内容。

能力目标

1. 掌握婴幼儿动作发展评价方法。

2. 能够分析与评价婴幼儿动作发展情况。

素养目标

1. 通过学习婴幼儿动作发展知识，尊重婴幼儿动作发展规律及个体差异性。

2. 通过了解婴幼儿动作发展评价，提升对婴幼儿动作发展水平的关注，为婴幼儿动作发展提供帮助。

案例导入

敏敏已经七个月了，如果妈妈将她喜欢的玩具放在她前面，敏敏就会双手撑在地板上，双膝着地，努力爬着去拿玩具；假如把玩具放在沙发上，她就会用手扶着沙发努力站起来去取玩具。

问题：

1. 为什么敏敏可以拿到放在不同位置的玩具？

2. 敏敏的动作发展是否符合该月龄的婴儿动作发展水平？

第一节 婴幼儿动作学习与发展概述

一、婴幼儿动作发展的概念

动作是人类生存和生活的一种基本能力，也是人类早期与外界环境相互作用的主要手段之一。动作是婴幼儿心理活动的外部表现，在个体早期心理发展，如感知觉、注意、记忆、思维、情感、自我意识和社会适应等方面有着重要的促进作用，是婴幼儿早期发展水平的客观指标。

婴幼儿动作发展是指婴儿从抬头、抓握、翻身直到走路、跑、跳等一切需要身体肌肉活动参与的动作发展过程。由于人类的动作主要受大脑神经系统的支配与控制，因此相对于其他动物，婴幼儿的动作发展相对较晚，并且发展缓慢。

知识链接

3 岁以下婴幼儿健康养育照护指南（试行）解读

2022 年 11 月 19 日，国家卫生健康委办公厅印发了《3 岁以下婴幼儿健康养育照护指南（试行）》，其中明确指出婴幼儿时期是婴幼儿生长发育的关键时期，这一时期大脑和身体快速发育。为婴幼儿提供良好的养育照护和健康管理，有助于婴幼儿在生理、心理和社会能力等方面得到全面发展，为婴幼儿未来的健康成长奠定基础，并有助于预防成年期心脑血管病、糖尿病、抑郁症等多种疾病的发生。关于动作发展，《3 岁以下婴幼儿健康养育照护指南（试行）》指出："顺应婴幼儿运动发育规律，充分利用室内外安全和开放的活动场地，提供爬、走、跑、跳等大动作，以及抓握、垒高、涂鸦等精细动作的练习机会。避免婴幼儿久坐超过 1 小时。幼儿每天身体活动时间至少 3 小时，其中户外活动时间至少 2 小时，遇到雾霾、高温等特殊天气宜酌情减少户外活动时间。"因此，婴幼儿动作发展的相关知识是托育从业人员必须掌握的基本理论知识。

二、婴幼儿动作发展的类型

婴幼儿动作发展包含粗大动作发展和精细动作发展两个方面。

（一）粗大动作

粗大动作也称大动作，主要是指身体大肌肉群及四肢的活动，包括俯卧抬头、翻身、坐、爬、站、走等，是躯干及四肢的整体运动。粗大运动的发展与其他能力的发展有密切的关系。粗大动作先发展，然后带动精细动作的发展。粗大动作是在大肌肉作用下产生的动作，是人类最基本的姿势和移动能力。婴幼儿主要粗大动作的内容如表 5－1 所示。

表 5－1　婴幼儿主要粗大动作的内容

部位	主要粗大动作
头颈部	转头、抬头
躯干	翻身、坐、爬
上肢	投掷
下肢	站、走、跑、蹲、跳

（二）精细动作

精细动作是手部小肌肉群的运动形式，指婴幼儿手和手指的运动以及手眼协调操作物体的能力，包括抓、握、扔、放、穿、嵌、拼、搭、捏、搓、捻、扣、画、撕等动作。婴幼儿最早的精细动作是抓握和取物。对婴幼儿手部精细动作能力要求越高，越能锻炼婴幼儿手部精细动作能力。婴幼儿主要精细动作的内容如表 5－2 所示。

表 5－2　婴幼儿主要精细动作的内容

类型	主要精细动作
单手动作	抓握动作
	使用工具的动作
双手动作	对称的双手协调动作
	不对称的双手协调动作

三、婴幼儿动作发展的规律

婴幼儿最初对外界的动作反应是未分化的整套反应，是全身性的活动。如 1 ～ 2 个月的婴儿，当成人走近他、逗他时会引起他全身的运动，手足不停地挥舞。随着神经系统和肌肉的成熟，婴儿会做出局部的精细动作。如婴儿从 4 ～ 5 个月开始学习抓东西，开始时手眼不协调，全身用力，手不能抓到物体，渐渐地可以摸到，再发展到手眼可协调、准确地抓到想要的东西。一般来说，婴幼儿动作发展规律可以总结为以下几个方面。

（一）首尾规律

婴幼儿动作发展遵循由上至下，即由头部到尾端、由上肢到下肢的顺序发展的过程。婴幼儿最早的动作发生在头部，其次在躯干，最后是下肢。发展顺序为：抬头—翻身—坐—爬—站—走。也就是离头部近的动作先发展，离足部近的动作后发展。这种趋势也表现在一些动作本身的发展上，例如，婴儿先是学会借助于手臂匍匐爬行，然后才逐渐运用大腿、膝盖和手进行手膝爬行，最后才是手足爬行，这就是首尾规律。

（二）近远规律

近远规律是指动作发展由近至远，即由身体中心向四肢远端发展的过程。婴儿动作的发展先从头部和躯干的动作开始，然后是双臂和腿部的动作，最后是手部的精细动作。越接近躯干的部位，与之相联系的动作发育就越早。相反，远离身体中心的肢端，动作发育就较迟。动作发展顺序是：肩—臂—肘—腕—手指。

（三）大小规律

大小规律是指先发展大肌肉粗大动作，再发展小肌肉精细动作。婴幼儿粗大动作的发展，先是从活动幅度较大的大动作开始，然后才学会比较精细的动作，也就是从大肌肉动作到小肌肉动作。大肌肉动作常伴随强有力的大肌肉的伸缩、全身运动神经的活动，以及肌肉活动的能量消耗。就四肢动作而言，婴幼儿先学会与臂、腿相关联的动作，然后才逐渐掌握手和脚的动作，通常是先用整个手臂去够物体，以后才会用手指去抓。这种动作发展规律称为大小规律。

（四）无有规律

无有规律即由无意识的活动向有意义的探索行为发展的过程。婴幼儿动作发展的方向越来越多地受心理、意识支配，动作发展的规律，也服从于婴幼儿心理发展的规律——从无意向有意发展的趋势。

（五）泛化集中规律

泛化集中规律是指婴儿出生后的动作发展从泛化的全身性动作向集中的专门化的动作发展的规律。婴儿最初的动作是全身性的泛化动作，这种动作的特点是笼统的、弥散性的、无规律的。例如，满月前的婴儿，在受到痛刺激以后，会边哭闹边活动。然后，婴儿的动作逐渐分化，向局部化、准确化和专门化的方向发展，由不协调到协调，如从手舞足蹈到视物伸臂再到伸手抓物，这就是从整体到局部发展的泛化集中规律。

四、影响婴幼儿动作发展的因素

婴幼儿动作发展既受到生物因素的影响，又受到环境因素的影响，这使得婴幼儿在运动能力的发展上具有个体差异。总之，婴幼儿早期动作发展是遗传机制和环境机制相互作用的结果，具体可总结为以下三个因素。

（一）遗传素质

婴幼儿身体的发展是以遗传素质为基础的，遗传素质对婴幼儿动作发展起着相当重要的作用，是婴幼儿身体发展的基础。动作是由神经系统支配的骨骼、肌肉系统的活动，也与呼吸系统有关，因此，动作的发展与整个身体的发展有密切关系。在体格发育上，遗传素质占相当大的比例；动作能力的发展，在一定程度上也是由遗传决定的；体形在相当程度上也与遗传有关，而体形又影响动作和运动能力的发展。由遗传带来的身体个别部位的特征或缺陷，对相应动作的发展也有影响。

（二）生理成熟

婴幼儿动作的发展受生理成熟的影响是显而易见的。婴幼儿动作发展有关键期和敏感期，如果抓住时机，在婴幼儿最容易掌握某种动作的时候促进其发展，则可达到事半功倍的效果。0～6岁是婴幼儿动作发展的关键时期，婴幼儿最初始的动作和基础性的动作都是在这个时期学会的。这与成熟因素有关，因此，应十分重视婴幼儿动作发展的辅导。

无论经济、文化教育水平如何，全世界各民族的婴幼儿基本上都以同样的顺序获得各种动作的发展。美国心理学家阿诺德·L. 格塞尔（Arnold L.Gesell）著名的“双生子爬梯实验”得出结论：“不成熟就无从学习，而学习只是对成熟起一种促进作用。”格塞尔提出了“成熟学习”原则：成熟是动作学习和训练的基础，只有在成熟的基础上进行学习或训练，才能取得成效，否则是无效的、浪费的。

知识链接

格塞尔“双生子爬梯实验”

格塞尔安排一对同卵双胞胎练习爬楼梯（见图 5－1）。实验对象A在他出生后的第 46 周开始练习，每天练习 10 分钟。实验对象B在他出生后的第 53 周开始接受同样的训练。练习到他们都满 54 周时，A 练习了 8 周，B 只练习了 2 周。

图 5－1 格塞尔“双生子爬梯实验”

结果：

B 在 10 秒钟内爬上特制的五级楼梯的最高层，A 则需要 20 秒钟才能完成，显然 B 的学习成效高于 A。

结论：

A 于 46 周就开始练习爬楼梯，孩子各方面的能力尚未成熟，所有的练习都是在尝试。B 在第 53 周开始爬楼梯，这个时间已到达成熟阶段，能善用肢体成熟与学习技巧的搭配，所以就能达到事半功倍的效果。

（三）后天的学习与训练

婴幼儿的各种基本动作，表面上看似乎是自然成熟的，事实上，都要经过练习和训练。婴幼儿运动技能的发展是一个美好的过程，每个阶段的成功都建立在之前取得的进步之上。成熟只是提供一种生理上的可能性，在成熟的时间范围内，后天的练习起着十分重要的作用。对婴幼儿来说，在学习各种动作时，是否练习对动作发展的促进作用有很大的区别。许多人的某种运动能力终生处于初级阶段，未能发展到成熟阶段，缺乏后天的学习与训练机会是原因之一。

训练对婴幼儿的动作发展有很大的促进作用，但这种作用不是无限的，而是建立在婴幼儿的生长发育水平之上的。婴幼儿运动能力的发展是遵循一定的规律的，训练的目的是使婴幼儿在每个时间段的运动能力都获得充分的发展。

第二节　婴幼儿动作发展水平

婴幼儿动作发展有其自然规律，每个年龄阶段都会有其发展特点。作为托育工作者，婴幼儿照护人员应当了解婴幼儿动作发展的年龄特点，尊重婴幼儿动作发展节奏，创设与婴幼儿生命活动相融合的情景，提供适宜的指导，为婴幼儿的健康成长提供服务。

一、粗大动作发展水平

（一）0～3月龄婴儿粗大动作发展

0～3月龄婴儿的动作以先天反射动作和初步的自主动作为主。先天的反射动作又称无条件反射动作，是人类发展过程中遗传下来的为数不多的基本动作能力，也是婴儿生命最初几个月里动作发展的重要组成部分。根据先天反射动作是否贯穿生命始终可将其分为两类：一类是贯穿生命全程的反射动作生来就有且终生保持；另一类是出生后约一年内就会全部消失的暂时性先天反射动作，此类反射又可分为原始反射和姿势反射。原始反射是早期正常婴儿中枢神经系统对特殊刺激的反应，能够保证新生儿获得营养和安全保护，如吸吮反射、觅食反射、莫罗反射等。姿势反射是指以一定的方式刺激新生儿。新生儿就会形成与之相关的体位反射，即对姿势和平衡变化做出反应，如游泳反射等。

知识链接

新生儿真的会游泳吗

把新生儿以俯卧姿势放进水里，他就会用四肢做出协调很好的类似游泳的动作，这就是游泳反射，又名潜水反射，是新生儿无条件反射的一种。6 个月后，此反射逐渐消失。满 6 个月以后，如果再这样把婴儿放在水里，他就会挣扎活动；直到 8 个月以后，婴儿才拥有有意识的游泳动作。

新生儿出生后 12 小时可出现眼球振动，即眼睛能注视移动的物体，3 ～ 4 周时出现眼睛的逐物运动。婴儿出生后 1 个月出现由触觉刺激引起的反射性微笑，婴儿 1 个月时能在俯卧时稍稍抬头，2 ～ 3 个月时在俯卧的情况下可以自主地左右转动头部，3 个月背竖抱时，能自主将头竖直。头部动作是婴儿扩大视线范围、探索周围环境的最早途径。对躯干部分的控制动作出现在 2 个月左右，此时，婴儿能左右转动身体，由侧卧转为仰卧，还能在手臂的帮助下俯卧抬胸。

（二）4 ～ 6 月龄婴儿粗大动作发展

4 ～ 6 月龄婴儿粗大动作发展的主要表现为对头颈部和躯干的控制加强。婴儿在 4 个月时能将手臂伸直支撑在床面上抬起头和胸部，在身体倾斜时仍能保持头部的平衡。俯卧时，婴儿可以轻松抬头 90° 。约 5 个月时，婴儿将自己从床面撑起来的能力会有很大提高，6 个月时可以在仰卧时把头抬离床面。

当婴儿逐步学会控制头颈部的运动时，开始学习对躯干进行控制，主要包括翻身、坐立和对大小便的控制，同时双脚会有意识地蹬踢。婴儿在 4 个半月时能借助自身手臂的力量并在成人的帮助下首次坐立；5 个月时若有靠背，婴儿就能直立背部；6 个月时，婴儿能双手前撑床面，身体前倾地独立坐片刻，还能够灵活地从仰卧转为俯卧，或由俯卧转为仰卧。坐立是人类获得的第一个直立的姿势，直立姿势是一种重要的初步自主动作，这一里程碑式的发展是很多重要的身体运动和动作技巧的基础。

（三）7～9月龄婴儿粗大动作发展

7～9月龄婴儿粗大动作发展的主要表现为坐和直立等动作能力进一步提升，出现了最早的自主移位动作——爬行。

7～8个月的婴儿已经具备初步控制姿势的能力，能够自己从俯卧位变为坐立位，并且在坐立位时能够自由灵活地移动自己的身体。7个多月的婴儿可以在没有靠背的情况下自己坐一会儿，以后逐渐能自如地独坐，不需要扶持。独坐使婴儿的双手得到解放，同时促进了双手协调和手眼协调能力的迅速发展。9个多月的婴儿可以在不需要任何帮助的情况下独立坐直，还能从卧位或坐位拉站起来。

8～9个月时，婴儿开始表现出由坐的姿势向上拉的动作倾向，经常会扶着一些物体尝试自己站起来，能够自己从坐立位拉到站立位（拉站）。9个月时，婴儿开始尝试借助双手去扶着物体，如家具、父母的手等行走，即扶物行走，这为婴儿提供了今后行走时所必需的将重心由一只脚移到另一只脚的练习机会。独站姿势的获得是直立姿势获得的重要标志。但这一阶段的婴儿还不能做到独自站立，他们的站立需要外界的支持。

（四）10～12月龄婴儿粗大动作发展

10～12月龄婴儿粗大动作发展的主要表现为蹲－站动作越来越灵活，行走动作发展迅速。

10个月以后，婴儿就可以用手扶着栏杆等物从坐位站起来，站立的姿势也越来越稳，有的婴儿可以从爬行姿势转到扶物站立姿势。10～11个月时，婴儿开始能低下身体由站立变为坐位而不跌倒。11个月左右，婴儿可以扶物蹲下捡拾地上的玩具，少数婴儿可以捡到玩具后起身站立。

婴儿行走动作的出现是全身粗大动作发展的重要飞跃。婴儿行走开始于11个月左右。初学行走时，婴儿身体僵硬，头往前倾，身体摇摇晃晃，容易摔跤。随着行走动作越来越熟练，肌肉紧张的表现逐渐消失，上下肢动作的发展也已经能协调起来。

（五）13～18月龄幼儿粗大动作发展

13～18月龄幼儿粗大动作发展的主要表现为行走逐渐稳当，能够上下楼梯。

行走是个体高度自动化的动作技能之一。13 个月大的幼儿行走时身体比较僵硬且不平衡，有明显的左右摇晃。经过数月的练习，18 个月左右的幼儿已经能够走得很好，并逐渐学会拐弯、转身、蹲下、站起等动作，基本不会摔倒。13 ～ 18 个月的幼儿能够在成人的帮助下上下楼梯，当成人牵着幼儿的手爬楼梯时，幼儿会把两只脚先后迈到同一级台阶，再继续抬起一条腿往上迈一级台阶，即两步一梯上楼梯，他们还不会双脚交替迈楼梯。

（六）19 ～ 24 月龄幼儿粗大动作发展

19 ～ 24 月龄幼儿的动作从移动运动向基本动作技能过渡，基本动作技能可以分为位移技能、非位移技能、操作技能。这一阶段幼儿粗大动作发展的主要表现为行走动作进一步发展，开始会跑、双腿蹦等，位移技能发展迅速。

（七）25 ～ 30 月龄幼儿粗大动作发展

25 ～ 30 月龄幼儿的动作开始更加综合，基本动作技能开始形成。动作能力逐渐增强，能够自由地走，跑、跳跃、攀登等运动技巧也有了新的发展，能够跨过小的障碍物，上肢力量增加。

这个阶段的幼儿跑跳能力进一步发展，跑步姿势日益准确。30 个月时，多数幼儿能双脚并拢向前跳跃，或从高于地面 20 厘米左右的地方往下跳，还可以单脚跳离地面，身体平衡能力好或下肢力量强的幼儿还可以单脚站立 2 ～ 5 秒钟。与此同时，幼儿可以不依靠成人或栏杆独自一步一梯地上楼，但下楼时仍需要扶着栏杆。四肢协调能力也有了新发展，可以跨越有一定高度的障碍物。手臂力量逐渐增加，可以将球抛出，有的幼儿可以接住成人抛过来的球。

（八）31 ～ 36 月龄幼儿粗大动作发展

31 ～ 36 月龄幼儿粗大动作发展的主要表现为能平稳地快速奔跑，跳跃更灵活，身体平衡与协调能力快速发展，可以走平衡木、骑平衡车。

到 36 个月时，幼儿已经能稳稳地快速奔跑，上下楼梯更加熟练，可以不扶栏杆下楼梯，双脚离地连续跳跃动作也更加灵活；能单脚站立 5 ～ 10 秒钟，会单脚跳。球类技能也掌握得更为熟练，36 个月的幼儿看到抛来的球时，能较灵活地用胳膊挡球，还能举起手臂，将球向远方投掷。

知识链接

婴幼儿基本动作技能分类

婴幼儿基本动作技能分类如图 5-2 所示。

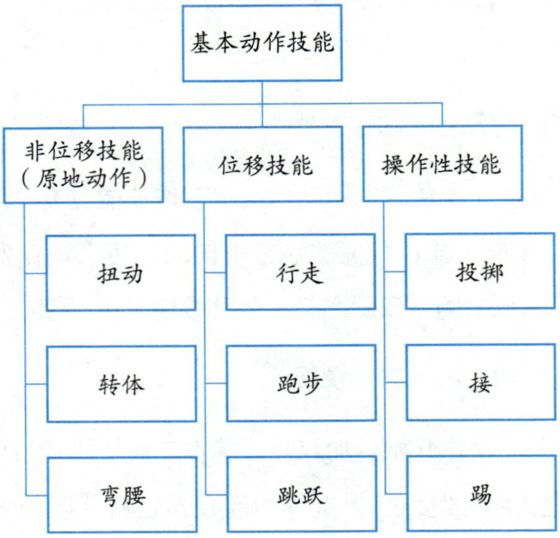

图 5-2　婴幼儿基本动作技能分类

婴幼儿粗大动作发展顺序及对应月龄

婴幼儿粗大动作发展顺序及对应月龄如表 5-3 所示。

表 5-3　婴幼儿粗大动作发展顺序及对应月龄

粗大动作发展项目	开始年龄（个月）	常模年龄（个月）	发展较晚年龄（个月）
俯卧时抬头看东西	0	1.8	4
俯卧时抬头 45°	1	2.7	7
俯卧时抬头 90°	1	3.7	6
独坐时头不滞后	2	4.5	6
独坐时头前倾	2	4.5	6
扶双手站，脚能支撑一点重量	2	4.8	6
翻身	2	5.5	7
俯卧前臂支撑	2	5.6	7

续表

粗大动作发展项目	开始年龄（个月）	常模年龄（个月）	发展较晚年龄（个月）
扶腋下站，脚能蹬地	3	6.6	8
在小车内坐着玩玩具	4	6.7	9
独坐	5	7.0	8
俯卧着打转	3	7.5	10
爬	5	9	12
自己控制站起来	7	9	12
独站片刻	5	9.8	11
从站位到坐位	6	10	12
扶双手可以迈步	6	10.7	12
扶栏可以走来走去	7	10.9	14
扶手可以走	9	11.8	14
独站	8	11.9	14
开始走 1～2 步即倒入怀里	10	13.3	14
独走几步较稳	11	14.8	16
不扶东西可自己蹲下	12	15	18
独自走路	12	15	16
扶栏杆能一阶一阶地上楼	13	17.5	19
会抱着玩具走	13	18.2	26
会踢球（无方向）	13	18.8	22
跑几步（稳）	14	19.3	20
不扶栏杆上台阶（1～2 级）	16	19.5	20
会自己上下床	11	20.5	22
踢球较准	16	21.5	23
跑 5～6 米	16	21.5	23
有意识地跳但脚不离地	16	24	28
不扶独自上楼（2～3 级）	21	26	28
独脚站 1～2 秒钟	20	26.7	30
会双脚跳离地面	21	26.8	30

续表

粗大动作发展项目	开始年龄（个月）	常模年龄（个月）	发展较晚年龄（个月）
模仿做两三个动作	21	27.6	31
双脚跳远	18	28.1	31
会独立不扶栏杆下楼（2～3阶）	22	28.5	30
独脚站5～10秒钟	21	29	32

二、精细动作发展水平

（一）0～3月龄婴儿精细动作发展

0～3月龄婴儿的精细动作以五指抓握为主，拇指和其他四指还未分化。抓握动作是人最初和最基本的手部动作，也是婴儿掌握更加复杂动作的基础。新生儿早期的抓握反射是后期各种抓握动作发展的基础。

1个月左右，婴儿会松开手指做些抓东西的简单动作，如抓住摇铃片刻。3个月前，婴儿基本是攥着拳头，偶尔手指伸展开或随同手臂和脚一起乱伸乱动。自3个月起，婴儿开始出现一种不随意的手的抚摸动作，他的小手会经常无意地抚摸身边的东西如襁褓、被褥、毛绒玩具等。

3个月左右的婴儿会用嘴去吸吮自己的手指，这是婴儿心理发展的必然阶段。吸吮手指可以促进婴儿手与眼的协调发展，为学会准确抓握打下基础，成人不要过多干涉婴儿吸吮手指。

（二）4～6月龄婴儿精细动作发展

4～6月龄婴儿精细动作发展的主要表现为抓握动作进一步发展，手眼协调能力开始发展。

4～6个月的婴儿抓握东西越来越牢固，手指动作逐渐灵活，开始出现主动随意的抓握动作，手眼协调也开始发展。婴儿最初的抓握动作通常不是手指的动作，而是整个手掌一把抓。约6个月时，大拇指才逐渐和其他四指相对起来去抓握，即连指抓握，婴儿的伸手动作越来越多。在这一时期，可经常看到婴儿抓住东西往嘴里放，抓起来又放下或扔掉，或抓在手里敲打等。

4～5个月时，婴儿看到东西就想伸手去抓抓摸摸，但是由于对空间位置的辨别力不足，距离知觉发展不充分，所以不一定抓得住、拿得稳。但经过不断地练习抓握，加之“坐”的动作的发展，婴儿能够更多、更容易地看到手，手眼开始协调起来。5～6个月时，由于协调手臂动作的发展，婴儿双手能在眼睛的引导下拿东西，但成功的概率并不高。

（三）7～9月龄婴儿精细动作发展

7～9月龄婴儿精细动作的发展主要表现为摆弄物体的能力增强，手指抓握动作相比此前更加灵活。

7～9个月的婴儿会将物品从一只手换到另一只手，能拿着玩具或抓着自己的脚往嘴里送，能自己吃条状食物。7个月左右，婴儿在抓握时拇指与其他四指分开，能同时用力抓握物体。随后，婴儿表现出初步的对指能力，即拇指的指腹与其他四指的指腹相对。8～9个月时，婴儿出现手指的钳形抓握动作，即拇指与食指相对捏起物体。

（四）10～12月龄婴儿精细动作发展

10～12月龄婴儿拇指、食指相对的钳形抓握进一步发展，能捡起花生米大小的物体，手眼协调能力进一步发展，还可以将手指准确地伸进洞洞板的小孔。到12个月左右，精细动作发展较好的婴儿能协调两手的动作，将物体从装得比较严实的地方弄出来，如打开包糖果的纸。婴儿还可以用一只手拿杯子，另一只手去取藏在杯子下的东西，或一只手拿杯子，另一只手将积木放进杯子。此外，这一阶段的婴儿已经会用手抓笔点点涂涂了。

（五）13～18月龄幼儿精细动作发展

13～18月龄幼儿能比较灵活地控制手腕和手指，双手能协同玩玩具，还会用指尖抓起物体。手眼协调能力快速发展，可以搭2～4块甚至更多的积木块，会用彩笔在纸上涂鸦，可以准确地将小物品投入瓶中并取出；生活自理水平进一步提高，16个月左右的幼儿可以手握勺子准确地将饭菜送入口中，会使用杯子和小勺子喝水，有些幼儿还能学着成人的样子拿起水杯喝水。

（六）19 ～ 24 月龄幼儿精细动作发展

19 ～ 24 月龄幼儿的精细动作发展的主要表现为手的控制力，手眼协调能力不断增强，开始能够串珠子，涂鸦能力也在不断提高。1.5 岁以后，幼儿搭积木的能力也在不断提高，能够搭 6 块以上的积木；握笔的能力也有所提高，各种体现生活自理能力的动作技能，如穿、脱裤子和鞋子等，也随之发展。

（七）25 ～ 30 月龄幼儿精细动作发展

25 ～ 30 月龄幼儿的精细动作发展主要表现为手的动作更加灵活，能够较好地使用工具。在这个阶段，幼儿的手部动作发展进一步完善，可以搭 8 ～ 10 块积木，会用积木拼搭多种形状的作品，还可以用指尖握笔在纸上随意画。日常生活中，发展较好的幼儿已经开始自己洗手、学习使用筷子及自己穿脱衣服、拉拉链等。

（八）31 ～ 36 月龄幼儿精细动作发展

31 ～ 36 月龄幼儿手指力量增加，灵活性进一步提高，操作工具的能力大幅提升，开始尝试使用筷子、剪刀等。拇指控制能力进一步提高，不但可以将剪刀张开，还可以较顺畅地合起剪刀，可以有目的地使用小剪刀，如进行剪纸活动等。在该阶段，幼儿能用积木拼搭小房子、小汽车等。

知识链接

婴幼儿精细动作发展的基本训练方法

婴幼儿精细动作发展的基本训练方法如表 5－4 所示。

表 5－4　婴幼儿精细动作发展的基本训练方法

年龄段	训练内容	训练方式
0 ～ 3 月	本能抓握能力训练	抚摸手指；握持练习
4 ～ 6 月	有意识地抓握能力训练	抓抓乐；斗斗飞
7 ～ 12 月	手指协调抓握能力训练	撕面条；拾拾放放
13 ～ 36 月	双手协作能力训练	串木珠子；绕毛线
	手腕部转动能力训练	拧瓶盖；按图撕纸
	手部控制能力训练	涂涂画画；手指游戏

第三节　婴幼儿动作发展评价

一、婴幼儿动作发展评价的概念

婴幼儿动作发展评价是指依据一定的评价标准，采用各种定性或者定量的评定方法，对婴幼儿动作发展做出价值判断，并寻求促进动作发展的途径的一种活动。

二、婴幼儿动作发展评价的意义

（一）了解婴幼儿的学习与发展状况

早期，婴幼儿的各项能力都处于飞快发展的状态，尤其是从出生到6个月时。一般来说，婴幼儿的语言、思维等能力与成年人相差很远，在大多数情况下，婴幼儿无法通过语言完整表达自己的个性、需要、兴趣等。唯一能够了解婴幼儿的方式就是通过观察他们的外显行为并对其进行评价分析。

（二）发现婴幼儿之间的个体差异

由于家庭生活背景不同，生理、心理基础不同，所以婴幼儿之间存在着很大差异。这种差异不但会影响婴幼儿的学习方式，同时也会影响婴幼儿照护人员开展不同的活动。若要了解婴幼儿的特点及差异，就要通过认真仔细地观察评价，从婴幼儿与周围环境的互动中分析其学习特点及个性，从而开展适宜性教育。

（三）提高婴幼儿照护人员专业水平

在婴幼儿动作发展评价中，婴幼儿照护人员需根据自己的观察评价婴幼儿的能力水平，从而更好地了解婴幼儿，同时也能在观察评价过程中锻炼自己敏锐的观察力，进而提升自己的专业水平。对于刚进入工作岗位的婴幼儿照护人员来说，对婴幼儿的认识还停留在书本上，实践经验相当缺乏，观察评价正好为婴幼儿照护人员提供了一个将理论与实践相结合的有效途径。

三、婴幼儿动作发展评价的方法

婴幼儿动作发展评价最主要的方法就是观察与记录。以下是几种便于操作的观察记录方法。

（一）轶事记录法

轶事记录法是婴幼儿照护人员常用的一种记录方法，这种方法简单方便，没有特殊的技术要求。轶事记录法着重记录婴幼儿照护人员认为有价值有意义的资料和信息，以便了解婴幼儿的发展需要，为婴幼儿提供更适宜的帮助与指导。这些记录是婴幼儿个性发展、兴趣爱好、社会交往等方面的真实写照，它们可以以小见大。

轶事记录是事后进行的概括性记录，也可以是对某个现象或事件做的重点记录。这种记录方法可以提供较详细、生动的信息，但不能提供更细致、全面的细节。同时，轶事记录也可以在观察结束后的任何时间来做，所以应用比较灵活，但是正因如此，也容易出现遗漏、扭曲信息的情况。

实操案例

姓名：松松（2 岁 4 个月）

时间：2024 年 10 月 14 日上午 9 点 35 分

地点：结构区

观察记录：

午饭后，幼儿纷纷到盥洗室内如厕、漱口、洗手。当大部分幼儿都安静地回到自己的座位上时，毛毛突然跑到我面前告状，说菲菲用干净的毛巾蘸水池里的脏水。我走进盥洗室，用严厉的声音问：“菲菲你弄脏水了吗？”菲菲却不在意地点了点头。我想了想，俯下身来问道：“菲菲，你为什么用干净的毛巾去蘸水池里的脏水？”他迫不及待地向我解释说：“我看到水流到水池里，就马上用毛巾把水池里的水吸起来，这样就不浪费水了。”原来他是不想让那些水白白流掉，就借助自己在生活中感知到毛巾能吸水的经验，想把水吸起来。我微笑地点点头对他说：“洗手时是要节约用水，可也要讲究卫生呀！水池里是小朋友洗过的脏水，这样一来，病菌就沾到干净的毛巾上啦！”菲菲似乎明白了，点了点头说：“我以后不这样做了。”

（二）日记描述法

日记描述法即对同一个或同一组婴幼儿进行长期跟踪，反复观察，以日记的形式描述性地记录婴幼儿生长和发展的信息。其特点是长期观察，记录成长过程中所表现出的新行为或重要事件，如第一次独自站立或第一次自己吃饭。

日记描述法的优点在于可以保留原始数据、长时间记录十分有用，且能提供行为或事件间的联系，但缺点也非常明显，它要求必须与婴幼儿长期共处，可能对大多数观察者并不适用。

实操案例

观察时间：2024 年 12 月 20 日下午 2:00—2:30

观察实录：

“爸爸妈妈都陪淳淳来了，你们好！”我热情地招呼着一家人，淳淳装作没听见，把头扭向了一边。“好孩子，有礼貌，你说—老 - 师 - 好。”我蹲下来用期待的目光看着淳淳，孩子看了看我，小嘴张了张，从嘴里发出“ he、he”的音。“他说话不行，能把人急死。”爸爸在一旁接过孩子未说完的话。“为此我们很少出门，怕丢人，也怕别人欺负他。”妈妈小声地说。

（三）等级评定量表法

等级评定量表法是用等级评定量表将所观察的行为事件数量化，用数量来判断行为事件在程度上的差别，观察者根据实际情况在量表上适合的数字或相应的点上标记号。简而言之，观察者运用量表这一工具，测量或记录婴幼儿表现出来的特定技能、行为、个性特征等的程度或性质。等级评定量表法的特征在于能够更详细地描述出目标行为的程度，在能力或技能方面的指标清晰，便于观察记录。它不仅能检测出婴幼儿目标行为是否发生，还能对目标行为的程度加以判断。

等级评定量表法使用最广泛的是李克特五级量表，示例如表 5 - 5 所示。

实操案例

表 5－5 动作发展评价等级量表

动作功能（8～12 个月婴儿的动作发展）	非常不符合	有些不符合	一般	有些符合	非常符合
能伸出单手取物，并抓握他人给予的物品					
将物品由一手换至另一手，能够操作物品					
能堆积物品，或将物品嵌入另一物品中					
用镊子捡拾小物件或食物					
故意掉落或丢弃物品，但无法刻意放下物品					

（四）频数记录法

频数记录法是将观察内容按照规定的行为分类，预先设计好记录表格，根据实际情况记录婴幼儿某些动作行为出现的频率，通常以符号形式进行记录。某些行为可以通过画“√”或写“正”字等形式记录频数。频数记录法主要用于时间取样、频率计数、行为检测等情境。频数记录法还常常使用“能”或“不能”的方式记录行为是否发生。

实操案例

表 5－6 婴幼儿方位辨别记录表

时间： 地点： 观察记录者：

学号	姓名	性别	年龄	辨别上下		辨别里外		辨别前后		辨别左右	
				能	否	能	否	能	否	能	否

四、婴幼儿动作发展的解释分析

（一）婴幼儿粗大动作发展的观察要点

（1）观察婴幼儿的状态。

（2）观察婴幼儿在活动中所表现出的粗大动作发展水平。

（二）婴幼儿精细动作发展的观察要点

（1）手指的动作。

（2）手眼协调。

（3）双手协作配合。

（4）手腕的灵活和稳定。

（5）抓握的力量。

（三）婴幼儿动作发展的解释分析

影响婴幼儿动作发展的因素是多方面的，婴幼儿照护人员对其进行解释分析时，可以考虑以下因素。

1. 婴幼儿动作发展规律

婴幼儿动作发展规律是评价婴幼儿发展状况的重要指标。在进行婴幼儿动作发展评价时，需要通过观察和评估他们的动作表现和运动技能，结合年龄阶段进行婴幼儿动作发展水平分析。

2. 婴幼儿动作发展的个体差异

每个孩子的动作发展速度和特点都有所不同，在进行婴幼儿动作发展评价时需要考虑婴幼儿的个别差异性，结合婴幼儿的生长发育情况进行婴幼儿动作发展水平分析。

本章小结

本章全面介绍了婴幼儿动作学习与发展的相关知识，包括婴幼儿动作发展的概念、类型、规律以及不同年龄段的动作发展水平。通过学习，我们了解到婴幼儿动作发展是其心理活动的重要外部表现，对婴幼儿的感知觉、注意、记忆、思维、情感、自我意识和社会适应等方面具有显著的促进作用。婴幼儿的动作发展分为粗大动作和精细动作，遵循一定的规律，如首尾规律、近远规律、大小规律和无有规律。此外，婴幼儿动作发展受到遗传素质、生理成熟和后天的学习与训练等因素的影响。了解这些规律和影响因素，对托育工作者和家长来说至关重要，它们有助于创设适宜的环境，提供科学的指导，促进婴幼儿健康成长。

同时，本章还探讨了婴幼儿动作发展评价的方法与意义。评价婴幼儿动作发展不仅可以了解婴幼儿的学习与发展状况，发现个体差异，还能提高照护人员的专业水平。评价方法主要包括轶事记录法、日记描述法、等级评定量表法和频数记录法等。这些方法各有特点，适用于不同的观察和记录需求。通过评价，可以更准确地把握婴幼儿的动作发展水平，为婴幼儿提供更适宜的帮助与指导。

同步练习

一、选择题

1. 美国心理学家格塞尔做过一个“(　　)”，实验结果发现生理成熟是动作发展的基础，只有在成熟的基础上进行动作训练，才能取得成效，否则训练是无效的。

A. 双生子爬坡实验　　B. 双生子爬梯实验

C. 男孩女孩爬梯实验　　D. 独生子爬梯实验

2. (　　) 月龄婴幼儿的精细动作以五指抓握为主，拇指和其他四指还未分化。

A. 0 ～ 3　　B. 4 ～ 6　　C. 7 ～ 9　　D. 10 ～ 12

3. 精细动作是手部小肌肉群的运动形式，指婴幼儿手和手指的运动以及手眼协调操作物体的能力，包括抓、握、扔、放、穿、嵌、拼、搭、捏、搓、捻、扣、画、(　　) 等动作。

A. 跑　　B. 跳　　C. 爬　　D. 撕

4. (　　) 指动作发展由近至远，即由身体中心向四肢远端发展的过程。

A. 首尾规律　　B. 大小规律　　C. 近远规律　　D. 无有规律

5. 到 (　　) 个月时，婴幼儿已经能稳稳地快速奔跑，上下楼梯更加熟练，可以不扶栏杆下楼梯，双脚离地连续跳跃动作也更加灵活。

A. 18　　B. 24　　C. 30　　D. 36

二、判断题

1. 婴幼儿动作发展是指婴幼儿从抬头、抓握、翻身直到走路、跑、跳等一切需要身体肌肉活动参与的动作发展过程。(　　)

2. 精细动作是手臂大肌肉群的运动形式。(　　)

3. 24 月龄的婴幼儿可以有目的地使用小剪刀。(　　)

4. 日记描述法即对同一个或同一组婴幼儿进行短期跟踪，间接性观察。(　　)

5. 在进行婴幼儿动作发展的解释分析时，需要考虑婴幼儿个体差异。(　　)

三、简答题

1. 评价婴幼儿动作发展的观察方法有哪些？
2. 婴幼儿精细动作发展的观察要点是什么？
3. 影响婴幼儿动作发展的因素有哪些？

四、论述题

13 ～ 18 月龄的幼儿动作发展有什么特点？请举例说明。

第六章 婴幼儿语言学习与发展

学习目标

知识目标

1. 婴幼儿语言教育的意义与价值。

2. 婴幼儿语言发展的特点。

能力目标

1. 掌握婴幼儿语言发展的基本观点，了解婴幼儿语言发展的过程。

2. 能进行婴幼儿语言的简单分析。

素养目标

1. 领会语言教育的基本观念，树立正确的语言教育观。

2. 通过了解国内外语言教育发展的理念，汲取优质的教育观点。

案例导入

“印度狼孩”的故事

1920年，人们在印度加尔各答西南丛林里发现了一群狼。这群狼里夹杂着两个“野人”，她们大概是在出生半年后被狼衔去的。小女孩大约2岁，叫阿玛拉；大女孩大约8岁，叫卡玛拉。她们的言语、动作姿势、情绪反应等方面都能很明显地看出狼的生活痕迹。据报道，卡玛拉经过专业训练，4年后，12岁才会说6个单词，6年后，14岁会说35个短句，直到17岁去世，她还没真正学会说话。

问题：你如何看待上述现象？语言环境是否对语言发育有一定的作用？

第一节　婴幼儿语言学习与发展概述

一、婴幼儿语言学习的内涵

蒙台梭利认为，语言是自然赋予人类的一种本能，婴幼儿的语言犹如美妙的音乐。婴幼儿时期是语言发展的关键时期，也是掌握语言最迅速的时期。在这个阶段，婴幼儿还没有全面系统地接受学龄前教育，因此家庭就成为语言能力培养的沃土，家长应该为婴幼儿创设优良丰富的语言环境，运用故事、绘本、语言游戏等方式让婴幼儿的语言能力在快乐活动中得到发展。

知识链接

人与人面对面互动更能促进早期语言发展

研究表明，与反应敏捷的成年人进行当面互动，比借助媒体更能促进早期语言发展。12～18个月的幼儿在一个月的时间里定期观看带有常见家庭物品名称的商业视频，他们的词汇量并没有比不看视频时增加多少。在对照组中，父母在日常活动中花时间教给单词的孩子学得更好。如果电视或视频节目没有专门为婴幼儿改编，他们是无法从电视或视频中学习语言的。

语言是什么？从语言学的角度来说，语言有三种基本属性：符号属性、工具属性和系统属性。《现代汉语词典》中对“语言”的解释是：“人类所特有的用来表达意思、交流思想的工具，是一种特殊社会现象，由语音、词汇和语法构成一定的系统，一视同仁地为各个阶级服务。‘语言’一般包括它的书面形式，但在与‘文字’并举时只指口语。”

语言是人类特有的交际与思维工具，是婴幼儿社会化、个性化的重要标准。语言是人类特有的一种高级神经功能活动。据统计，目前有5%～10%的婴幼儿在入学后被诊断为与语言发育有关的学习困难、语言障碍以及特殊语言障碍。因此，无论从哪个层面，都需要从科学角度深入探究婴幼儿的语言发展与教育，避免错过婴幼儿语言发展的最佳时期。

二、婴幼儿语言教育的定义和意义

（一）婴幼儿语言教育的定义

广义的婴幼儿语言教育是指婴幼儿所有语言获得和学习现象、规律以及训练与教育，强调婴幼儿听说读写的训练。

狭义的婴幼儿语言教育仅仅指婴幼儿早期掌握母语口语的过程，强调对婴幼儿的口语听说训练。

3 岁前是人的一生当中学习语言最迅速、最关键的时期。在这期间，婴幼儿从能听懂成人的话语、学说单词与语句，再到能运用基本完整的句子表达自己的意思。蒙台梭利在《蒙台梭利早期教育法全书》中指出：语言并不是先天形成的，而是在后天环境中通过练习形成的。

（二）婴幼儿语言教育的意义

1. 促进婴幼儿语言能力的发展

婴幼儿期是婴幼儿掌握语言最迅速也是最关键的时期，因此，在这个时期利用好大自然赋予人类的这种本能，在家庭中注重培养婴幼儿语言能力的发展，努力开发婴幼儿潜在的语音能力，就显得尤为重要。家庭教育作为孩子通向社会的第一座桥梁，对孩子的语言发展、个性品质和健康成长起着极其重要的作用，如果剥夺了婴幼儿语言发展的环境和教育，他们是难以掌握语言的。当宝宝用一声啼哭宣告他（她）来到这个世界的时候，家长与宝宝的交流就已经开始了。在婴儿睡醒时，用缓慢、柔和的语调对他讲一些“悄悄话”，比如“噢，宝宝（呼唤其乳名）醒了，睡得好吗？”“宝宝，天气凉了，妈妈给你加件衣服。”等等，每天 3 ～ 5 次，每次 3 ～ 5 分钟，这样可以给婴幼儿创造听觉刺激，有助于宝宝早日开口说话，促进母子（女）之间的情感交流。

儿童每天使用词汇的 86% ～ 98% 都与父母一致，父母的每一句话都会影响孩子的语言能力发展。

2. 促进婴幼儿认知能力发展

认知发展是指人类的各种认知能力随着年龄增长所发生的有序而相对持久的变化。婴幼儿认知能力的发展是指婴幼儿获取知识的过程，包括注意、感知觉、记忆、思维、言语等发展的过程。婴幼儿借助语词可以把感知的事物及其属性特征表示出来，从而认识事物的名称、形态、习性和特征。比如：婴幼儿说“这是香蕉”“香蕉长长的、甜甜的”，说明他已经认识了“香蕉”这一事物，并且知道了香蕉的主要特征。

3. 促进婴幼儿社会性的发展

婴幼儿获得语言能力后，就能用语言与周围的人进行交流沟通，这提高了他们的社会交往能力，促进了亲子、同伴间的关系，比如同伴之间相互打招呼、做游戏、玩玩具等，很容易使婴幼儿在交往中获得成功的体验感。同时，在交往的过程中，婴幼儿知道如何更好地运用语言处理同伴之间的争抢、叫喊等情况，哪种行为或语言会带来不好的影响，哪种行为或语言可以很好地解决问题。所以，语言是沟通与运用的工具，更是学问，要让孩子始终在文明、自信以及充满希望的“绿色语言”中健康成长。

第二节 婴幼儿语言发展水平

一、婴幼儿语言发展特点

婴儿从出生之日起就已经开始运用语言和非语言的交际手段与外界进行沟通交流，同时获得人类已不断成熟的语言经验，很小的婴儿已经能够区别语音的差异。比如，2 ～ 3 月的婴儿虽然还未能发出音节分明的语音，但能够分辨出语音的细微差异。因此，婴儿语音知觉发展在先，正确发音能力发展在后。

（一）0 ～ 1 岁前语言阶段

婴儿学习语言是从理解语词开始的。2 个月时，婴儿可以把特定的声音和特定的唇部活动联系起来，4 个多月能够识别自己的名字，6 个月以后，婴儿能根据成人说话的音调（语调）变化做出不同的反应，已经能“听懂”一些词，开始知道他的名字实际上是在喊他自己。12 个月后会冒出一些简单的词，比如：妈妈、爸爸、拿等。这时候的婴儿注重语调，激励的语调意味着“你真棒、加油”，严厉的语调意味着“不行、停下来”。

（二）1 ～ 2 岁语言发展阶段

1 岁左右的婴幼儿一旦能说出少数几个词，可以明白一些手势，通过手指和咕哝来表达自己想要干什么，他们就会尝试更多，在 1.5 岁以后，他们才“开口说话”。1 ～ 1.5 岁的幼儿能理解的词的数量增长很快，比如：宝宝吃饭，而不是饭吃宝宝。19 ～ 24 个月进入语言爆发期，幼儿可以一天学习 10 个左右的新词汇，可以把两个或四个词汇组成一个句子，开始学会观察和倾听，吸收成人说的和做的每一件事。

（三）2 ～ 3 岁基本掌握口语阶段

2 ～ 3 岁是幼儿基本掌握口语阶段，也是通常所说的语言发展关键期，一年当中可由掌握 300 个词，猛增到 1000 个词左右。伴随着掌握的词汇量不断增加，幼儿的语言表达意愿和想法也在增加。3 岁时幼儿开始学会汇总信息，并加入自己一些复杂的想法，提出好多问题并且不断追问。

家长如果了解了婴幼儿语言发展的特点，就会为家庭语言教育提供更多帮助，从而让婴幼儿能够从容地度过每一个语言发展阶段。

二、婴幼儿语言发展基本规律

三岁前婴幼儿言语的发展是一个连续的、有次序、有规律的过程，是不断由量变到质变的过程，因而既有连续性，又有规律性。根据实际的发展，它可分为如表 6－1 所示的六个阶段。

表 6－1 婴幼儿语言发展的六个阶段

序号	月龄	语言发展阶段
1	0 ～ 3 个月	简单发音阶段
2	4 ～ 8 个月	连续音节阶段
3	9 ～ 12 个月	学话萌芽阶段

续表

序号	月龄	语言发展阶段
4	13～18个月	正式开始学话，单词阶段
5	19～24个月	简单句阶段，掌握最初步的言语
6	25～36个月	复合句子的发展，掌握最基本的言语阶段

三岁前的婴幼儿言语发展的六个阶段不能绝对划分，但每个阶段可以通过新增的特点与其他阶段进行区分。

知识链接

婴幼儿语言发展基本规律

一般来说，婴幼儿满1岁基本上就会咿咿呀呀地学说话了，下面一起来看一看整体的规律：

1月龄：可以发出任何一种细小柔和的喉音，听到摇铃的声音产生一种或者多种反应。

2月龄：可以发a、o、e等母音，听到声音会有表情和肢体动作的变化。

3月龄：可以发出“咯咯”笑声。

4月龄：可以在高兴或不满意的时候高声叫（但不是高调尖叫），会在安静时有类似自言自语的表现。

5月龄：可以在看到熟悉的人或者玩具时发出像说话一样的声音，比如：咿咿呀呀、ma、pa、ba等辅元结合音。

6月龄：可以理解爸爸妈妈的手势，像伸手要抱、听到呼唤会转头。

7月龄：可以发“ba-ba”“ma-ma”等声音但是无所指。

8月龄：可以模仿声音，可以用动作、手势表达，比如会有咂咂嘴表示好吃等动作、手势。

9月龄：可以做出欢迎、再见的手势。

10月龄：会模仿“妈妈”“爸爸”“拿”“走”等语音。

11月龄：会有意识并正确地发出相应的字音，如爸、妈、拿、走、姨、奶、汪汪等，听到妈妈说“不动”“不拿”，会停止拿取的动作。

12 月龄：会主动地称呼爸爸或妈妈，听到妈妈说："把玩具给我"，可以主动将玩具递给妈妈，并主动松手。

13 ～ 15 月龄：会指眼耳鼻口手，能有意识地说出 3 ～ 5 个字，而且有主谓语。

16 ～ 18 月龄：可以有意识说出 10 个或以上的单字或词（除了"爸""妈"之外）。

19 ～ 21 月龄：可以回答简单问题，比如妈妈问："这是什么（小球）？"

22 ～ 24 月龄：可以说两句以上的诗或儿歌，能说出常见物的用途。

25 ～ 27 月龄：可以说 7 ～ 10 个字的句子，如"星期六妈妈带我去公园"。

28 ～ 30 月龄：可以说出自己的名字，能够认识并准确地说出 10 种以上不同的物品。

31 ～ 33 月龄：可以说出自己的性别，分清楚"里面"和"外面"。

34 ～ 36 月龄：可以说出 14 种及以上不同的事物，而且发音基本清楚。

第三节　婴幼儿语言发展评价

婴幼儿语言发展评价是语言教育整体结构中不可或缺的一个重要环节。婴幼儿语言发展评价是指评价者通过收集婴幼儿教育活动各方面信息，依据一定的客观标准对婴幼儿的语言发展状况做出客观衡量和科学判定的活动。科学的婴幼儿语言发展评价可以调节、控制整个教育过程，促进婴幼儿语言的健康发展。

根据婴幼儿语言的发展阶段和特征，婴幼儿语言发展评估可分为两个部分：0 ～ 12 个月婴儿语言发展评估的范畴为知觉、发音和交际；13 ～ 36 个月幼儿语言发展评估的范畴为理解、表达和交际。

一、婴幼儿语言评估范畴

（一）语言知觉发展评估范畴

（1）0 ～ 12 个月语言知觉发展评估范畴：婴儿能辨别不同声音，认识到语音的意义。

（2）12～36个月语言理解发展评估范畴：幼儿能理解词语的能力，比如日常生活中经常遇到的事物名称以及身体器官等与自我认识相关的词语，并能理解平时经常做动作的词语，理解并执行成人的命令。

（二）语言发音发展评估范畴

（1）0～12个月语言发音发展评估范畴：哭、笑以及无意义的音节，对单音节的模仿，愿意模仿成人念儿歌并发声。

（2）12～36个月语言表达发展评估范畴：多表现为词汇的运用，能够进行较为准确的对话，并能准确运用有限的词汇，给事物进行命名等。

（三）语言交际发展评估范畴

语言交际发展评估范畴：婴幼儿对不同声音的反应，能听懂较为复杂的指令，用语言否认、拒绝或用语言请求帮助等。

二、婴幼儿语言发展评价的作用

（一）反馈作用

对婴幼儿语言发展进行评价后，可以将评价结果反馈给教养者，用以修正教育过程，评价结果可以检验婴幼儿学习成果是否有效，可以激发教育者改进和调整教育活动的过程，强化成功经验，纠正失败环节等。

（二）优化作用

婴幼儿的语言发展是有规律的，如果教养者能够在语言教育过程中对婴幼儿的表现进行准确评价，并以此为基础改进后续的教育活动，不仅可以避免许多无效教育，还可以帮助教养者改进教育观念，提高自身素质，采用科学有效的语言教育方式方法，以优化教育水平，提升婴幼儿语言能力。

三、婴幼儿语言发展的指标性事件

0～1岁婴儿语言发展的指标性事件如表6-2所示。

表 6-2 0～1 岁婴儿语言发展的指标性事件

月龄	语言发展的指标性事件
0～1 个月	用不同的哭声表达不同的意思
	对周围环境的声音很敏感，尤其对高音特别敏感
2～3 个月	听到周围环境中有新奇的声音时会停下正在做的动作
	开始将声音和具体形象联系起来，尝试找出声音的来源
	能对熟悉的声音做出反应，会露出笑脸
	对成人的逗引有反应，能发出“咕咕”声，会发出 a、o、e 的音
	能改变音高和音调，声音像唱歌
	能判别不同人说话的声音，能区分同一个人带有不同情感的语调
4～6 个月	能咿呀作语，开始发 d、n、m、b 之类的辅音
	看到熟悉的人或者玩具能用声音来表达
	能根据教养者的语调、语气等变化做出相应的反应
	能发出长音或尖叫
	叫其名字能转头看
	开始注意看图片或书、尝试将其放进嘴里
7～9 个月	能重复发出某些元音和辅音，如发出类似“ma-ma”“ba-ba”的音，但指向不明
	尝试模仿别人的发音，发音越来越像真正的语言
	尝试翻书，喜欢听熟悉的故事
	能辨别熟悉的家庭成员的名字和熟悉的物品的名称
	开始明白并尝试用动作交流，如用挥手表示再见，用拍手表示欢迎或高兴等
10～12 个月	能理解一些词语的意义，如成人问“电视在哪里”时，其目光能够看向电视
	能理解一些简单的命令，如成人向其索要东西时，知道将东西给成人
	能按照成人的要求指出鼻子、耳朵、眼睛等
	能说出最基本的词汇，如“爸爸”“妈妈”，而且指向明确
	会自言自语地说一些成人难懂的话，会自创一些词语来指称事物
	自己的想法能够用动作表示，如用点头表示同意、用摇头表示不同意等
	会用摇头或哭表示不满
	高兴时能够发出“啊”一类的声音

1～2岁幼儿语言发展的指标性事件如表6-3所示。

表6-3　1～2岁幼儿语言发展的指标性事件

月龄	语言发展的指标性事件
13～18个月	喜欢模仿发音，尤其喜欢模仿常见动物的叫声
	开始知道书的概念，喜欢模仿翻书
	喜欢重复别人说过的话
	能说出熟悉的人和物的名称，但是区分不够细致
	能使用动词表达想法，如会使用抱、吃、拿、喝等动词
	喜欢用一个发音泛指一类事物
	能够听懂并指出自己身体的主要部位
	知道一些日常用品的名称，能够指出或说出想要的东西的名称
	能说出几个词和自己的乳名，但发音不清晰
	能听懂成人发出的简短的指令，如成人对他说“把东西给我”时，他能够把东西递给成人
	喜欢用手势作为与成人交流时的语言来使用
	对词语的理解能力超过对词汇的生成、输出能力
19～24个月	能表达自己的需要，如会说“拿拿”“尿尿”等
	喜欢给事物命名
	遇到感兴趣的东西，喜欢问“是什么”
	开始用名字称呼自己
	能说出大约50个所认识物品的名称且明白其用途
	听完故事后，能够用简短的字或词说出讲的是什么人或事
	喜欢反复听一首儿歌等
	能跟着成人念几句简短的儿歌
	能回答最简单的提问
	日常说话能使用100多个词语，常说的词汇达到20个左右
	开始使用动宾结构的短句，如“妈妈抱”
	能理解并按成人的指令做出两三件连续的事情，如能理解指令“把玩具捡起来放到盒子里”，并按该指令做事

2～3岁幼儿语言发展的指标性事件如表6-4所示。

表6-4 2～3岁幼儿语言发展的指标性事件

月龄	语言发展的指标性事件
25～30个月	能使用10个以内的形容词
	能思考问题，并主动询问“这是什么”“为什么”
	能使用你、我、他、你们、我们、他们这类人称代词
	能说出常见的物品和动物的名称、用途
	能说简单的复合句
	能背儿首每首4～6句、每句5～7个字的儿歌
	能说三四个词的句子
	常用单词达到300个左右
	能使用类似“很”“最”等副词
	能使用类似“和”“跟”等连词
31～36个月	明白“里”“外”的意思
	思考能力增强，能使用特殊疑问句提问，如能问“为什么”“什么时候”
	能理解故事的主要情节
	喜欢自己看书，并能简单叙述情节
	常用词汇达到1000个左右

本章小结

本章深入探讨了婴幼儿语言学习与发展的各个方面，明确了婴幼儿语言教育的重要性和婴幼儿语言发展的特点。首先，我们了解到婴幼儿期是语言发展的关键时期，这一时期的语言教育对孩子的社会化、个性化以及认知能力的提升具有深远的影响。蒙台梭利的观点强调了语言是一种本能，婴幼儿的语言学习应当在丰富的语言环境中自然而然地进行，家长和教育者应通过故事、绘本、语言游戏等互动方式，激发婴幼儿的语言潜能。其次，本章阐述了婴幼儿语言发展的几个阶段，从出生到3岁，婴幼儿的语言能力经历从简单发音到基本掌握口语的过程。每个阶段都有其特定的发展特点和规律，例如语音知觉的先行发展、对语调的敏感性、词汇量的快速增长等。此外，本章还介绍了婴幼儿语言发展的指标性事件，强调了评价的反馈和优化作用，指出了科学的评价可以促进教育过程的改进，提升婴幼儿的语言能力。

本章提出了语言环境对婴幼儿语言发育的重要影响，说明了语言不仅是沟通的工具，更是思维和学习的基础。整体而言，本章为读者提供了一个全面而深入的婴幼儿语言发展视角，强调了早期语言教育的必要性，以及家长和教育者在婴幼儿语言发展过程中的关键作用。

同步练习

一、选择题

1. 婴幼儿学习语言的关键期是（　　）。

A. 0～3 岁　　B. 1～2 岁　　C. 0～2 岁　　D. 0～12 个月

2. 婴幼儿语言发展分为（　　）个阶段。

A. 三　　B. 四　　C. 五　　D. 六

3. 0～1 个月，婴儿语言发展评价指标有（　　）。（多选）

A. 用不同哭声表达不同意思　　B. 对周围环境声音敏感

C. 开始用名字称呼自己　　D. 对音高敏感

4. 31～36 个月，幼儿语言发展评价指标有（　　）。（多选）

A. 能说出 6～10 个字的复杂句子　　B. 开始运用“如果”“但是”等词

C. 明白“里”“外”的意思　　D. 常用词达 1000 个左右

二、判断题

1. 0～3 岁是婴幼儿学习语言的关键期。（　　）

2. 语言有三种基本属性。（　　）

3. 广义的婴幼儿语言教育是指 1～3 岁幼儿所有语言获得和学习现象、规律以及训练与教育。（　　）

4. 语言是先天形成的。（　　）

5. 0～12 个月语言知觉发展评估范畴为：婴儿能辨别不同声音、认识到语音的意义。（　　）

三、简答题

1. 什么是婴幼儿语言教育？

2. 婴幼儿语言教育的意义是什么?

3. 婴幼儿语言发展分为哪六个阶段?

四、论述题

如何对婴幼儿进行语言评价?

五、实践活动题

任务名称:13 ~ 18 个月幼儿语言发展评价方案设计。

任务目标:

1. 掌握 13 ~ 18 个月幼儿语言发展评价指标和方案设计要求。

2. 能够根据 13 ~ 18 个月幼儿语言发展评价指标,设计一个有针对性的语言发展评价方案。

任务要求:

1. 设计的评价方案应符合以下要求:

(1)符合评价方案的设计规范。

(2)明确 13 ~ 18 个月幼儿语言发展评价指标。

(3)评价方案内容简明扼要,具有可操作性。

2. 填写完成以下表格。

姓名		完成时间	
任务名称			
任务分析			
评价方案	方案名称		
	评价目标		
	评价前准备		
	评价过程		
	评价建议		
评价			

第七章 婴幼儿情绪情感学习与发展

学习目标

知识目标

1. 理解情绪与情感的区别，能够描述它们的定义和相互关系。

2. 掌握婴幼儿情绪情感学习的基本理论，包括需要层次理论、社会学习理论和情绪社会化理论。

3. 认识婴幼儿情绪情感发展的重要阶段，了解婴儿期、幼儿期和学龄前期的特征与表现。

4. 了解情绪调节的方法，包括情感教育、游戏娱乐、家庭环境等对婴幼儿情绪情感的影响。

能力目标

1. 能够分析并解释婴幼儿基本情绪，包括喜悦、悲伤、愤怒和恐惧，以及这些情绪在不同发展阶段的表现。

2. 具备情绪调节技巧，能够运用情感教育和情绪指导等方法帮助婴幼儿处理情感问题。

3. 能够建立良好的情感连接，包括满足婴幼儿心理需求，运用情感沟通和共鸣技巧，创造安全稳定的家庭环境。

素养目标

1. 培养情绪智力，具备理解和处理自身情绪的能力，培养同理心和共情能力。

2. 促进教育实践，能够将所学理论和技巧运用于实际教育环境，提高婴幼儿的情绪智力和心理健康水平。

3. 培养情感陪伴的能力，具备成为优秀家庭教育者和托育机构工作人员的素养，能够提供情感上的支持和陪伴。

案例导入

在一所托育机构，有一个3岁的男孩叫小明。小明平常是一个开朗、活泼的孩子，但最近几周，他变得异常沉默，不再参与到其他孩子的游戏中，而是独自待在角落里。工作人员发现他变得情绪不稳定，有时突然大哭，有时则对身边的人非常冷漠。在了解了小明的家庭情况后，婴幼儿照护人员发现他的父母最近刚刚离婚，父母关系紧张，这对小明造成了很大的影响。

问题：

1. 你认为小明的行为变化可能与什么因素有关？

2. 如何理解小明在情绪和行为上的变化？这可能暗示了他的哪些情绪和需求？

3. 在托育机构中，一线婴幼儿照护人员应该如何帮助小明适应新的家庭环境和情感变化？

4. 作为托育机构的工作人员，有哪些方法可以帮助其他孩子理解和支持小明，促进他们之间的友好互动？

5. 从这个案例中，你能学到哪些关于婴幼儿情绪情感学习与发展的重要教训？

第一节　婴幼儿情绪情感学习与发展概述

婴幼儿期是人类生命周期中最为关键和敏感的阶段之一，也是情感和社会发展的黄金时期。在这个时期，婴幼儿经历着生活中各种各样的情感体验，从满足到失望，从喜悦到恐惧，这些情感体验在深度和广度上塑造了他们的个性和人际关系。因此，婴幼儿的情绪学习与发展被认为是婴幼儿教育中至关重要的一环。

在婴幼儿期，孩子们正在学习如何理解自己的情绪，以及如何处理和回应来自外部世界的情感刺激。这个学习过程不仅关乎他们目前的幸福感和安全感，更深远地影响着他们未来的人际关系、情感健康和心智发展。在婴幼儿期，孩子们逐渐学会了识别和表达情感，学会了区分高兴、沮丧、愤怒等不同的情绪，并开始尝试运用各种方法来处理这些情感。婴幼儿期的情感发展不仅受到遗传和生物因素的影响，还在很大程度上依赖于亲子关系和周围社会环境。父母、家庭成员和托育机构的工作人员在婴幼儿情感发展中扮演着至关重要的角色。他们的关爱、支持和引导，能够为孩子提供安全的情感依托，促进婴幼儿建立积极的自我认知和自尊心。

一、情绪与情感的区别

（一）定义和特征

情绪和情感虽然在日常用语中常常被交替使用，但在心理学上有着明确的区别。情绪通常指一种比较短暂、具体的、特定的生理和心理反应，常常是对某个刺激或事件的直接回应。它具有生理上的表现，比如面部表情、身体姿势、声音等，同时也伴随着主观的体验，比如愤怒、喜悦、悲伤等。例如，当一个婴儿看到熟悉的玩具被拿走时，可能会表现出愤怒的情绪，伴随哭闹和不安的行为。

情感则更加广泛，它包括对世界的态度、价值观和信仰等更为长期和稳定的内在体验。与情绪不同，情感通常是一种较为持久的体验，它可以受到多种因素的影响，比如个体的性格、文化背景、家庭环境等。例如，一个幼儿可能对他的家人充满了爱，这种感情是持久、稳定的，属于情感范畴。

（二）情绪与情感的相互关系

情绪和情感之间存在着密切的相互关系。情绪可以影响情感的形成和表达。比如，一个婴儿因为得到父母的赞美而体验到喜悦的情绪，这种积极的情绪体验可能会强化他对父母的爱的情感。同时，持久的情感状态也可以影响个体的情绪反应。性格开朗的婴幼儿可能更容易在困难面前保持乐观的情绪，而内向的婴幼儿可能更容易体验到焦虑和恐惧。

总的来说，情绪是情感的一种具体表现，而情感则是对生活体验的更为抽象、深层次的反映。在婴幼儿的成长过程中，良好的情绪体验可以促进积极的情感发展，使其建立起健康的人际关系，为未来的心理健康奠定基础。例如，想象一个孩子第一次去托育机构。在陌生的环境下，他可能会感到焦虑和不安（情绪）。然而，如果托育机构的婴幼儿照护人员用温暖、关心的态度对待他，逐渐建立起他的安全感和信任感，他的焦虑情绪可能会逐渐减轻，转变为对托育机构的信任和归属感（情感）。在这个过程中，婴幼儿情绪的变化和最终的情感体验相互影响，共同构建了其对托育机构的整体情感体验。

二、婴幼儿情绪情感学习的基本理论

（一）需要层次理论

需要层次理论是心理学领域中人本主义流派的重要理论，由美国心理学家亚伯拉罕·马斯洛（Abraham Maslow）于 1943 年在《人类动机理论》一文中首次提出。该理论描述了人类有由低到高五个层次的需要：生理需要、安全需要、爱和归属需要、尊重需要和自我实现需要。后来马斯洛又补充了认知需要和审美需要。马斯洛认为，需要层次越低，力量越大，潜力越大。随着需要层次的上升，需要的力量相应减弱。在更高一级的需要出现之前，必须先满足或部分满足较低级的需要。在从动物到人的进化中，高级需要出现得比较晚，婴儿有生理需要和安全需要，自我实现需要在成人后出现。

当婴幼儿的生理需要得到满足时，他们会体验到愉悦和满足的情绪。反之，如果这些需求得不到满足，他们可能会出现焦虑和不安等负面情绪。例如，一个饥饿的婴儿会哭泣，当得到喂养后，他会体验到满足和安心的情绪。

（二）社会学习理论

社会学习理论（Social Learning Theory）的奠基人是美国心理学家阿尔伯特·班杜拉（Albert Bandura），他在 1963 年提出了这一理论。该理论强调婴幼儿通过观察和模仿他人来学习行为和情绪反应。家庭、托育机构和社会环境中的成人和同伴都是婴幼儿学习情绪的重要来源。例如，一个婴儿看到妈妈微笑时会产生愉悦的情绪，并逐渐学会了如何通过微笑来表达愉悦。

社会学习理论对于婴幼儿的照护者具有重要的意义和价值。该理论强调了婴幼儿从周围环境中学习的重要性，包括模仿他人行为、观察和参与社交互动。对于照护者而言，了解社会学习理论意味着他们需要成为婴幼儿学习的引导者和榜样。通过提供积极、充满爱心的互动体验，他们可以帮助婴幼儿学会与他人合作、分享、表达情感，并培养社交技能。在这个过程中，照护者的角色变得至关重要，他们不仅是知识的传授者，更是婴幼儿人际关系和情感管理的引导者。通过社会学习，婴幼儿不仅能够掌握生活技能，还能够建立起健康的人际关系，为他们未来的社交互动和学习奠定坚实基础。因此，社会学习理论的理解和运用，使得照护者能够更好地引导婴幼儿走向社交成熟，培养其积极的社交行为和情感体验，为他们的终身发展奠定良好的基础。

（三）情绪社会化理论

情绪社会化理论（Emotion Socialization Theory）研究始于 20 世纪 80 年代。该理论在心理学研究中受到广泛关注，但并无特定的提出者或确切的提出时间，它主要关注婴幼儿在社会交往中学习情绪表达和情感调节的过程。情绪社会化理论强调了婴幼儿在社会交往中学会情绪表达和情感调节的过程。通过与父母、婴幼儿照护人员和同伴的互动，婴幼儿学习了如何理解他人的情绪，如何适应社会情境，以及如何表达自己的情感。例如，当一个婴儿看到父母对他的微笑和抚摸作出积极回应时，他学会了将愉悦的情绪表达出来，同时也学会了与他人建立亲密关系。

情绪社会化理论强调了情绪的传播和共鸣在婴幼儿学习中的关键作用。这一理论具有深远的意义和价值。首先，照护者应了解婴幼儿情绪社会化的过程，帮助他们更好地理解和管理自己的情感。通过观察和模仿照护者的情绪表达，婴幼儿学会了情感的表达方式和情感调节的技能。其次，情绪社会化理论强调了成人的情绪态度和应对方式对婴幼儿情绪发展的影响。照护者的情绪稳定、积极乐观的态度，以及有效的情感沟通技巧，对于培养婴幼儿的良好情感发展至关重要。最后，婴幼儿在情感互动中学习到的合作、共享和关心他人的能力，对于其日后的社交关系和团队合作具有积极影响。因此，情绪社会化理论的应用帮助照护者创造一个情感丰富、支持性强的环境，促使婴幼儿学会积极的情感表达，增强自信心，培养良好的人际关系，为其全面发展奠定坚实的基础。

三、情绪情感发展的重要阶段

（一）婴儿期的情绪表达与需求

在婴儿期，婴儿开始学习通过面部表情、声音和身体语言来表达情感。这个阶段的主要任务是建立信任和依赖感。婴儿会通过哭泣、笑容、眼神交流等方式表达自己的需求，例如饥饿、疲倦或安慰。父母和照护者的及时响应和满足，有助于婴儿建立安全感和信任感。

知识链接

婴儿常见情绪表达方式

在婴儿期，婴儿使用各种方式来表达他们的情绪和需求。以下是婴儿期常见的情绪表达方式：

1. 哭泣：婴儿通过哭泣来表达各种需求，包括饥饿、疲倦、不适或需要安慰。哭声的音调和频率可以传达不同的信息。

2. 笑容：婴儿通常会在感到愉快和满足时露出微笑，这是一种积极的情绪表达。

3. 眼神交流：婴儿会用眼神与父母或照顾者进行交流，表达他们的兴奋、安慰或信任。

4. 面部表情：婴儿的面部表情可以展现出他们的情绪状态，例如皱眉表示不悦，眼睛放松表示满足。

5. 身体语言：婴儿会使用身体语言，如挥动手臂、踢腿或扭动身体，来表达他们的兴奋或不安。

6. 吮吸手指或物品：婴儿可能在感到紧张、焦虑或饥饿时吮吸手指、拇指或安抚奶嘴，这是一种自我安慰的方式。

7. 拒绝或回避：当婴儿不喜欢某种刺激或感到不适时，他们可能会转头、闭眼或用手挡住刺激源。

这些情绪表达方式是婴儿在婴儿期用来传达需求和情感状态的常见方式。理解并响应这些表达，有助于建立良好的亲子关系和满足婴儿的需求。

（二）幼儿期的情感认知与理解

在幼儿期，幼儿逐渐学会识别和理解不同的情感，例如喜悦、愤怒、悲伤等。他们开始意识到情感与特定事件、行为或触发因素相关联。通过模仿成人的情感表达和参与各种活动，幼儿学会了如何处理情感，并逐渐建立了自我认知。

在幼儿期，幼儿的情感认知与理解逐渐发展，他们能够更准确地识别、表达和理解各种情感。以下是幼儿期常见的情感认知与理解的表现。

1. 情感识别

幼儿可以识别和区分基本的情感表达，如快乐、悲伤、愤怒和害怕。他们能够通过面部表情、声音和身体语言来判断他人的情感状态。

2. 情感表达

幼儿学会了用语言、面部表情和身体动作来表达自己的情感，能够清晰地告诉别人他们的感受。

3. 情感理解

幼儿开始理解不同情感的原因和触发因素，能够理解特定情境下人们为什么会有某种情感。例如，他们能够理解在生日派对上，朋友们感到快乐。

4. 情感共鸣

幼儿具备情感共鸣的能力，能够体验并理解他人的情感，并表现出关心和同情。当看到其他人伤心时，他们可能会给予安慰和支持。

5. 情感调节

幼儿逐渐学会了控制和调节自己的情感反应。他们能够学会在适当的时候表达愤怒，同时也能够学会在需要时冷静下来。

6. 情感推理

幼儿开始进行简单的情感推理，能够理解特定事件或行为可能引起他人的情感反应。例如，他们可能会明白为什么在分享玩具后，朋友会感到高兴。

这些情感认知与理解的能力使幼儿能够更好地处理自己的情感，建立良好的社交关系，并更加理解他人的情感体验。

（三）学龄前期的情感调节与自我认知

在学龄前期，儿童的情感发展更加复杂。他们能够更准确地理解自己和他人的情感，并学会运用适当的情感表达方式。此时，儿童开始培养情感调节的能力，学会控制自己的情绪，处理冲突，并适应不同社交情境。他们也开始形成自我认知，了解自己的优点和需要改进之处。

在学龄前期，儿童的情感调节和自我认知能力得到进一步发展。以下是学龄前期常见的情感调节与自我认知的表现。

1. 情感调节

（1）情绪自我控制：学龄前儿童能够更好地控制自己的情绪反应，学会在适当的时候表达情感，同时也能够适应不同的情感体验。

（2）情感表达的适当性：学龄前儿童能够区分不同情境下适当的情感表达方式，例如，在开心的时候与朋友分享，生气时学会冷静沟通。

（3）情感调解：学龄前儿童能够帮助其他人解决冲突，体现出对情感的理解和调解能力。

2. 自我认知

（1）自我意识：学龄前儿童开始意识到自己是一个独立的个体，能够理解自己的需求和感受，并能够用语言表达自我。

（2）自我评价和比较：学龄前儿童能够评价自己的行为，并且能够将自己与其他儿童进行比较，尽管这种比较通常是基于具体的行为和技能。

（3）自我概念的建立：学龄前儿童逐渐形成对自己的认知，包括自身特点、能力和性格，开始形成初步的自我概念。

3. 情感智力

（1）情感推理：学龄前儿童能够更加深入地理解他人的情感体验，能够预测他人可能的反应，并相应调整自己的行为。

（2）同情心和合作：学龄前儿童能够体验到同情心，愿意帮助他人，学会合作、分享和交流，形成良好的人际关系。

这些情感调节和自我认知的能力使学龄前儿童更好地适应社交环境，更好地理解自己和他人，为进一步的情感发展和社交互动奠定了基础。

在这三个阶段，关键是提供支持性、温暖、安全的环境，鼓励儿童表达情感，接受他们的情感体验，引导他们学会用适当的方式表达和应对情感，从而促进健康的情感发展。

四、情绪智力的培养

（一）情绪智力的定义

情绪智力是指个体在认识、理解、表达和管理自己以及理解和应对他人情绪的能力。它包括情绪识别、情绪理解、情绪表达和情绪调节等方面的能力。拥有良好的情绪智力意味着个体能够更好地理解自己和他人的情感，有效地处理情绪问题，建立良好的人际关系，并更好地适应社交环境。情绪智力的定义体现了情绪管理的多个层面。

通过培养情绪智力，个体能够更好地理解和处理自身情绪，更好地与他人建立情感连接，进而在人际关系和社交环境中更加成功地融入。

（二）情绪智力的培养方法

1. 情绪识别

培养婴幼儿辨识各种情绪的能力，可以通过游戏、故事、图画等方式，让他们学会识别并区分不同的情绪表达。照护者可以通过模仿婴幼儿的面部表情和声音，引导婴幼儿学会识别和模仿情绪表达。例如，照护者可以用高兴的面部表情和愉快的声音与婴幼儿互动，帮助婴幼儿学会模仿这种愉快的情绪表达。

2. 情绪理解

鼓励婴幼儿分享他们的情感体验，倾听他们的内心感受，帮助他们理解情绪背后的原因。通过与婴幼儿的亲近交流，教育者可以引导他们思考情绪的起因和可能的解决方法。

3. 情绪表达

鼓励婴幼儿用语言、绘画、手势等多种方式表达他们的情感。情绪智力的培养始于安全、支持性的环境，教育者可以提供安全的环境，让婴幼儿感到可以自由表达。照护者可以通过亲切的语言、温暖的触摸和耐心的倾听，为婴幼儿提供一个稳定的情绪基础。例如，当婴儿因饥饿或不适而哭泣时，照护者可以及时响应，喂养或换尿布，传达给婴儿“我的需求会被满足”的信息，从而建立起婴儿的安全感。同时引导他们学会用适当的方式表达情感，而不是压抑或爆发。照护者可以鼓励婴幼儿用语言、绘画、游戏等方式表达他们的情感。例如，当婴幼儿因为受伤或失落而感到难过时，照护者可以鼓励他们用画笔表达自己的感受，帮助他们找到合适的方式来宣泄情感。

4. 情绪调节

帮助婴幼儿学会冷静下来，采取冷静思考和积极应对的方式来应对挑战和困难。可以通过冥想、深呼吸、放松等方法，帮助婴幼儿学会自我调节情绪。照护者可以教会婴幼儿这些情绪调节的技能，当婴幼儿面临挫折或焦虑时，他们可以运用这些技能来帮助自己平复情绪。照护者可以和婴幼儿一起练习这些技能，让他们在实践中掌握情绪调节的方法。

5. 情绪智力培养游戏

创造一些角色扮演游戏、情感卡片游戏等，让婴幼儿参与其中，通过游戏的方式让婴幼儿学会识别、理解和表达情绪。例如，可以用卡片上的表情图案让婴幼儿说出相应的情感，或者进行模拟情境游戏，让婴幼儿在游戏中体验和处理各种情绪。通过故事、图画书等媒介，照护者可以向婴幼儿传授情绪知识，教导他们识别和理解各种情绪。例如，通过阅读关于友谊和合作的故事书，照护者可以引导婴幼儿理解友谊的温暖和合作的重要性，培养他们的情感智力。

通过以上方法的培养，婴幼儿能够逐渐建立起自己的情绪智力，更好地理解和处理自己和他人的情绪，提高社交技能，促进健康的心理发展。

第二节　婴幼儿典型情绪情感发展

婴幼儿时期是情感发展一个极为关键的阶段。在这个时期，婴幼儿开始学会感知和表达各种情绪，这对于他们的个人和社交发展至关重要。婴幼儿的情感世界丰富多彩，从最基本的喜悦、悲伤、愤怒到更为复杂的自尊心、合作学习等情感，都在这个阶段得到了初步的培养和展现。婴幼儿时期的情感发展是多层次、多样化的，早期的情感体验和培养将直接影响到他们的日后行为习惯和社交能力。在这个阶段，父母和照护者的引导和关爱扮演了关键的角色，通过正确的方法和态度，可以帮助婴幼儿建立起积极健康的情感世界，为他们未来的成长奠定坚实的基础。

一、婴幼儿基本情绪

（一）喜悦

喜悦是婴幼儿最常见的情绪之一，通常在满足基本需求或得到亲近时表现出来。婴幼儿的喜悦常常通过微笑、欢笑和活泼的动作来表现。例如，当看到父母或照护者时，婴幼儿可能会展现出灿烂的笑容，眼睛会明亮而充满好奇。

（二）悲伤

悲伤是婴幼儿面对失去或需求无法满足时所表现的情绪。婴幼儿可能因为饥饿、疲倦或需要安慰时表现出悲伤。悲伤情绪通常伴随哭泣、抽泣和面部表情的变化，例如嘴巴的垂下和眼泪。

（三）愤怒

愤怒是婴幼儿在遇到挫折、不满或受到干扰时表现出的情绪。这种情绪通常伴随着婴幼儿的哭声、手脚的乱动以及脸部的扭曲。婴幼儿可能会因为被离开、被制止或不满意的情况而感到愤怒。

（四）恐惧

恐惧是婴幼儿在面对陌生环境、陌生人或刺激性事件时所表现出的情绪。婴幼儿可能会表现出紧张、退缩、尖叫或哭泣等反应。恐惧通常是一种自我保护的本能反应，帮助婴幼儿避免潜在的危险。

在婴幼儿的日常生活中，这些基本情绪的表达是他们与外界交流和适应的方式。父母和照护者应该敏锐地观察婴幼儿的情绪表现，了解他们的需求，并通过温暖的关怀和积极的互动来满足他们的情感需求，帮助他们建立安全感和信任感。

二、婴幼儿典型情感发展阶段

（一）平静期的特征与表现

平静期是婴幼儿情感发展中的一个阶段，通常出现在出生后的几周到几个月内。在这个时期，婴儿通常表现出相对平静、安静的状态。他们的情绪相对稳定，容易被满足基本需求，例如吃奶、睡觉和被拥抱。婴儿在这个阶段主要通过基本的生理需求来表达情感，哭声相对较少，而且当满足需求后，他们会进入安静的状态，眼神会明亮而安详。

（二）紧张期的特征与表现

紧张期通常发生在婴儿出生后的数月至一岁之间。在这个阶段，婴儿开始更加敏感，对周围的环境和人产生强烈的反应。他们可能会更频繁地表现出焦虑、哭泣、不安和寻求安慰的行为。紧张期的婴儿通常对陌生人和新环境表现出警觉和戒备，可能会出现分离焦虑，即当与父母分离时会感到不安。这个阶段的婴儿需要稳定的环境和亲近的人来建立安全感，从而减轻他们的焦虑情绪。

（三）刺激期的特征与表现

刺激期是婴幼儿发展中的一个重要阶段，通常出现在一岁之后。在这个阶段，幼儿的好奇心和探索欲望增强，他们开始对周围的世界产生浓厚兴趣。幼儿可能会表现出更加活泼、好奇、兴奋的特征。他们开始学会用手去触摸、抓取物体，可能会表现出对新事物的强烈兴奋，同时也可能因为受到过多刺激而感到不安或不安静。在这个时期，提供丰富多样的刺激和合适的引导，帮助幼儿探索世界，对他们的智力和情感发展都具有积极影响。

这三个阶段代表了婴幼儿情感发展中的重要时期，了解并适当引导婴幼儿在不同阶段的情感表现，有助于建立健康的亲子关系和促进婴幼儿的全面发展。

三、婴幼儿特殊情感发展

（一）羞愧与自尊心的发展

在婴幼儿的特殊情感发展中，羞愧和自尊心的发展扮演着重要的角色。大约在两岁时，幼儿开始体验到羞愧这种情感。羞愧通常出现在幼儿做了某些被视为不当或不好的事情后，他们可能会感到内疚、尴尬，甚至躲避别人的目光。这种情感的发展有助于幼儿建立起基本的道德观念，懂得什么是对什么是错，也开始学习控制自己的行为。

随着身体的成长，婴幼儿的自尊心也逐渐形成。自尊心是婴幼儿对自己价值和能力的认知和评价，它在很大程度上影响着婴幼儿的情感状态和行为。积极的自尊心有助于婴幼儿建立健康的自我认知，增强自信心，更好地适应社交环境。家长和照护者应该给予婴幼儿充分的关爱和认可，帮助婴幼儿树立积极的自我形象，培养其自尊心。

（二）嫉妒与合作的学习

嫉妒是一种常见的情感，婴幼儿在看到别的婴幼儿或兄弟姐妹得到更多关注或资源时可能会感到嫉妒。这种情感的发展有助于婴幼儿认识到自己与他人的差异，学会分享和合作。逐渐学会与他人分享、合作、接受失败和赞美，是婴幼儿发展中非常重要的一部分。通过嫉妒与合作的学习，婴幼儿不仅能够更好地融入社会环境，也能够培养良好的人际关系技能。

在这一阶段，照护者的引导和示范尤为关键。家长和照护者应该教会婴幼儿分享、尊重他人，引导他们发展合作意识，培养良好的人际沟通技能，从而更好地适应社交环境。

婴幼儿表现出来的基本情绪，如喜悦、悲伤、愤怒和恐惧等，是他们情感世界的最初显现。当感受到父母的温暖关怀时，婴幼儿会表现出喜悦的情绪，通过笑脸和欢快的声音来表达。当感受到不适或需求不满足时，他们可能会表现出悲伤或愤怒，通过哭泣或不安来传达内心的需求。恐惧则可能出现在陌生环境或陌生人面前，这是一种自然的生存本能。

在婴幼儿典型情绪发展阶段，可以观察到不同的情感特征与表现。在平静期，婴幼儿可能表现出安静、满足和舒适的状态，这时候他们的需求得到了满足，情绪相对稳定。在紧张期，他们可能会变得易怒、不安，并且更容易受到外界刺激的影响。在刺激期，婴幼儿的好奇心和求知欲增强，他们开始尝试与周围环境互动，这也是他们学习和成长的重要时期。

婴幼儿特殊情感发展方面，羞愧与自尊心的培养对于建立健康的自我认知至关重要。当婴幼儿在尝试新事物时，如果得到了鼓励和赞扬，他们会建立起对自己能力的自信心，从而培养出健康的自尊心。嫉妒与合作的学习则是社交情感的重要组成部分。在群体中，婴幼儿可能会体验到嫉妒的情感，这时候引导他们学会合作与分享，可以帮助他们建立良好的人际关系和友谊。

第三节　婴幼儿良好情绪情感的调控

婴幼儿期是人生中情感发展最为关键的时期，婴幼儿的情绪世界如同一片待开发的花园，需要得到精心的呵护和培育。在这个阶段，婴幼儿尚未掌握有效的情绪调节技巧，因此，他们的情绪波动较大，需要成年人的关爱和引导。本节将深入探讨婴幼儿情绪调节的重要性，不仅涵盖对心理健康的影响，还包括对人际关系的影响，并以此为基础，阐述一系列帮助婴幼儿建立良好情感连接的方法和技巧。

一、情绪调节的重要性

婴幼儿期是人生发展中最关键的时期之一。在这个阶段，婴幼儿的情感体验、情绪表达以及情绪调节能力都在迅速发展。婴幼儿的情绪调节不仅仅关乎他们个体心理的健康，更影响着他们与外部世界的互动、人际关系的建立，以及未来性格和心理健康的形成。

（一）对心理健康的影响

婴幼儿的心理健康是他们未来成长的基石。良好的情绪调节能力不仅有助于婴幼儿建立自信心和安全感，还能预防心理问题的发生。通过学会理解和控制自己的情感，婴幼儿能够更好地应对生活中的各种挑战，培养出积极乐观的心态。相反，情绪波动大、难以自我调节的婴幼儿则更容易出现焦虑、抑郁等心理问题，甚至可能影响到成年后的心理健康。

想象一个在婴幼儿期家庭充满温暖和关爱的小孩，每当他哭泣时，家人会耐心地倾听、理解他的需求，给予适当的回应。这种安全的情感连接，使得他在成长过程中对人充满信任，对生活充满乐观，拥有较高的心理健康水平。相反，如果一个人在婴幼儿期缺乏充分关爱和情感支持，他可能在成长中面临自卑、焦虑等心理问题。

（二）对人际关系的影响

情绪调节也是婴幼儿与他人建立良好关系的基础。只有懂得控制自己的情绪，能够更好地与他人沟通，才能增强与家庭成员、同伴之间的亲密关系。婴幼儿期的情绪交流对于家庭和社交环境的和谐至关重要，良好的情绪调节能力可以降低冲突和摩擦，促进更加融洽的人际关系。能够有效调节情绪的婴幼儿更容易与人建立深入的连接，他们能够理解他人情感、表达自己的需求，从而更好地融入社交圈子。相反，情绪难以控制的婴幼儿可能会表现出攻击性、回避性等行为，难以建立稳定和谐的人际关系。

例如，一个幼儿能够有效表达自己需求和情感，当他在玩耍时被其他小朋友抢走了玩具，他会用言语和表情适当地表达不满，而非用哭闹或打斗来发泄情绪。这种情绪调节能力使得他更容易得到他人的理解和支持，同时也能够更好地与其他小朋友建立友好关系。

在这种背景下，婴幼儿期的情绪调节能力在培养健康人际关系、提高社交适应能力方面发挥着重要作用。因此，为了促使婴幼儿在成长中拥有良好的心理健康和人际关系，需要从婴幼儿期开始，注重培养他们的情绪调节能力，为他们的未来打下坚实的基础。

二、婴幼儿情绪调节的方法

婴幼儿的情绪调节能力是他们心理健康和社交适应的重要基础。这一能力的培养和发展需要有意识地教育和指导。下面我们探讨婴幼儿情绪调节的方法，包括情感教育与情绪指导、游戏与娱乐的角色，以及家庭与社会环境的影响。

（一）情感教育与情绪指导

通过情感教育，婴幼儿能够学会认知和表达自己的情感。成年人可以向他们传递积极的情感价值观，引导他们正确处理各种情绪，培养他们的情绪智力。情绪指导则包括引导婴幼儿认识不同情绪，教导他们用适当的方式来应对负面情绪。例如，通过绘画、游戏等方式，帮助他们释放压力。

1. 情感词汇教育

帮助婴幼儿学会用词汇来表达情感。教授他们表达不同情感的词汇，例如开心、伤心、生气、害怕等，可以增强他们的情感认知和表达能力。家长和教育者可以在日常生活中使用这些词汇，帮助婴幼儿识别并表达自己的情感。例如：如果婴幼儿流泪，家长可以说："你看起来似乎有点不开心，是不是肚子疼了？"这会帮助婴幼儿将自己的情感与相关的词汇联系起来。

2. 情感模仿

模仿婴幼儿的情感表达，以示理解和共鸣。这可以加强情感连接，让婴幼儿感到被理解和支持。家长和教育者可以通过面部表情、声音、体态等方式来模仿婴幼儿的情感，例如与他们一起开心地笑或共同感受一部分抑郁的情感。

（二）游戏与娱乐的角色

游戏是婴幼儿学习情感调节的重要途径。各种有趣的游戏活动不仅能够帮助婴幼儿放松身心，还能培养他们的合作能力和耐心。在游戏中，他们可以模仿各种情绪表达，学会情绪的转换和调节。娱乐活动也是促进情绪健康的一种方式。例如，音乐、舞蹈等娱乐形式可以让婴幼儿沉浸其中，舒缓情绪，减轻压力。再如，在与父母或其他小朋友一起游戏时，婴幼儿可能会体验到喜悦、兴奋和满足等情感，而当游戏遇到困难时，他们可能会感到挫折和失落。通过游戏，婴幼儿能够学会适应不同情感体验，并且学会用积极的态度面对困难。

（三）家庭与社会环境的影响

婴幼儿所处的环境对于情绪调节的影响不可忽视。温馨、和谐的家庭环境可以培养婴幼儿乐观向上的性格，增强他们的安全感。同时，社会环境中的积极情感体验也能够对婴幼儿的情感发展产生积极影响。例如，当婴幼儿身处友善、支持性的社交环境时，他们更容易产生积极的情感体验，建立良好的人际关系。社会环境中，亲子互动和同伴关系也是情感发展的重要因素。亲子之间的深入沟通和支持可以培养婴幼儿的情感连接，而与同伴相处则能帮助婴幼儿学会分享、合作，建立友好关系。

三、建立良好情感连接的技巧

（一）婴幼儿心理需求的满足

理解婴幼儿的心理需求，及时满足他们的渴望，是建立良好情感连接的前提。从饮食、安全到关爱、陪伴，每一个方面都能影响婴幼儿的情感体验。因此，照护者需要细心观察婴幼儿的需求，用心呵护他们，为他们创造温暖、舒适的环境。

知识链接

满足婴幼儿心理需求的方法

婴幼儿的心理需求满足直接影响其情感体验和发展。以下是婴幼儿照护者可以采取的方法，以满足婴幼儿的心理需求，促进良好的情感连接。

一、建立亲密陪伴

提供充足的亲密接触，比如拥抱、亲吻，让婴幼儿感受到温暖和安全。

经常使用温柔的声音和柔和的眼神与婴幼儿交流，传递爱与关怀。

二、理解生理需求

注意婴幼儿的饮食和睡眠需求，确保他们获得足够的营养和休息。

及时更换尿布，保持干净和舒适，以满足婴幼儿的生理需求。

三、鼓励自主探索

提供安全的探索环境，让婴幼儿自由爬行、摸索和触摸周围的物体，促使他们发展自主性和好奇心。

避免过度保护，给予适当的自主空间，让婴幼儿学会自我探索和发现。

四、注重情感交流

与婴幼儿保持良好的眼神接触，回应他们的笑容和表情，建立起愉快的情感互动。

给予婴幼儿足够的回应时间，不要打断他们的表达，让他们感受到被重视。

五、创造愉快的体验

制造愉快的娱乐体验，比如唱歌、玩耍、听音乐等，让婴幼儿在欢笑和快乐中度过时光。

提供多样化的玩具和游戏，激发婴幼儿的兴趣，帮助他们发展情感表达的能力。

（二）情感沟通与共鸣技巧

与婴幼儿进行情感沟通，让他们感受到被理解和接纳，是建立情感连接的有效途径。倾听婴幼儿的心声，表达自己的情感，与他们建立真实、亲近的关系，能够增进彼此间的信任和亲密度。共鸣技巧，即通过模仿婴幼儿的情感表达，让他们感受到自己的情感得到了回应，从而培养良好的情感连接。

与婴幼儿进行有效的情感沟通和共鸣，是建立深厚情感连接的关键。以下是照护者可以采取的小技巧，以促进情感沟通和共鸣。

1. 语言与表情的一致性

照护者的语言应该与面部表情和肢体语言一致，传达出一种真诚和亲近的感觉，让婴幼儿感受到言行一致的情感。

2. 用心倾听

给予婴幼儿足够的时间表达自己的情感，不要打断他们的发言，表现出专注和尊重。通过肢体语言和回应性表情，表达对婴幼儿情感的共鸣，让他们感受到被理解和接纳。

3. 模仿与回应

适时地模仿婴幼儿的表情和动作，建立情感共鸣，让他们感受到自己的情感得到了回应。对于婴幼儿的情感表达作出积极的回应，比如当他们微笑时，用欢快的声音回应，增强他们积极情感的体验。

4. 鼓励情感表达

鼓励婴幼儿表达各种情感，不论是喜悦、悲伤还是愤怒，都应该被尊重和接纳。通过故事、绘画和玩具等方式，帮助婴幼儿学会用语言和艺术来表达内心情感，培养婴幼儿的情感表达的能力。

5. 建立日常情感连接

在日常生活中，与婴幼儿建立情感连接，比如一起玩耍、一起进餐，让他们感受到与照护者之间深厚的情感关系。创造温馨的家庭氛围，鼓励家庭成员之间的亲密互动，让婴幼儿身处温暖、爱心的环境中。

（三）创造稳定、安全的家庭环境

稳定、安全的家庭环境是婴幼儿情感发展的基础。在这种环境中，婴幼儿能够建立起对成年人的信任，感受到被保护和关心。为了创造这样的环境，家长和照护者需要提供稳定的日常生活，建立规律的作息和饮食习惯，提供温暖的陪伴和充分的关爱。在这一过程中要注意掌握一定的方法，具体如表 7－1 所示。

表 7－1 创造稳定、安全的家庭环境的方法

序号	项目	内容
1	建立规律和稳定的日常生活	制定固定的作息时间表，包括起床、进食、游戏和睡觉时间。规律的生活可以给予婴幼儿安全感，让他们知道什么时候会发生什么事情
		提供一贯性的日常活动，比如在特定的时间点播放某首歌曲、阅读特定的故事书，让婴幼儿建立起安全的预期
2	温馨的陪伴和关心	建立密切的亲子关系，提供温暖的肢体接触，如拥抱、亲吻，以及眼神交流，传递出爱和关心
		在日常活动中，用温和、鼓励的语言与婴幼儿沟通，让他们感受到被理解和被重视
3	提供稳定的安全环境	确保家中的环境安全，避免尖锐物品和危险物品易于接触。使用安全锁，将危险品放置在婴幼儿无法触及的地方
		在房间和游戏区域设置护栏，确保婴幼儿在探索时不会受伤
4	倡导积极的家庭氛围	鼓励家庭成员之间的亲密互动，促进亲子、兄弟姐妹之间的友好关系。家庭中的和睦氛围有助于婴幼儿安全感的建立
		在家庭中注重积极的情感表达，避免负面情绪的传递，使婴幼儿身处温馨、和谐的环境
5	提供充分的自由空间	给予婴幼儿足够的自由空间，让他们有机会自主探索，但要在安全的范围内。自由探索有助于婴幼儿发展独立性和自信心
		提供适当的玩具和刺激，让婴幼儿在探索中获得愉悦和成就感

以上方法有助于创造一个稳定、温馨、充满关爱的家庭环境。在这种环境中，婴幼儿将会建立起对成年人的信任，形成安全感，为健康的情感发展打下坚实基础。

本章小结

本章深入探讨了婴幼儿情绪情感学习与发展的多个方面，从基本情绪到特殊情感发展，以及情绪调节的重要性和方法，覆盖了婴幼儿早期心理发展的关键内容。在婴幼儿的基本情绪方面，主要阐述了喜悦、悲伤、愤怒和恐惧是早期情感体验的基石，影响着孩子们的行为和互动。此外，在典型情感发展阶段，深入探讨了平静期、紧张期和刺激期的特征，为照护者提供了更深入的了解和指导。在特殊情感发展方面，羞愧与自尊心的发展、嫉妒与合作的学习也是婴幼儿期重要的心理发展阶段，需要得到家庭和教育环境的妥善引导。本章的另一部分关注了婴幼儿情绪调节的重要性，强调了其对心理健康和人际关系的积极影响。综合而言，本章内容旨在帮助照护者更好地理解婴幼儿情绪情感的发展过程，并提供了实用的方法和策略，以便使婴幼儿在婴幼儿早期阶段建立起积极、健康的心理基础。通过深入了解婴幼儿的情感体验和需求，以及运用有效的情感调节方法，照护者能够在婴幼儿的成长过程中发挥更积极的作用，培养出快乐、自信、健康的婴幼儿。

同步练习

一、选择题

1. 在婴幼儿的基本情绪中，(　　) 属于基本情绪。

A. 爱　　B. 惊讶　　C. 好奇　　D. 喜悦

2. 婴幼儿典型情绪发展中，(　　) 通常表现为对陌生人的不安和依赖心理。

A. 平静期　　B. 紧张期　　C. 刺激期　　D. 喜悦期

3. (　　) 不是婴幼儿情绪调节的方法。

A. 情感教育与情绪指导　　B. 威胁与惩罚

C. 游戏与娱乐的角色　　D. 家庭与社会环境的影响

4. (　　) 可以帮助照护者与婴幼儿建立情感连接。

A. 忽视婴幼儿的情感表达　　B. 疏远婴幼儿以保持独立性

C. 共鸣技巧　　D. 忽视婴幼儿的心理需求

5. 在创造安全稳定的家庭环境中，（　　）是关键。

A. 提供不确定性和变化　　B. 提供温馨的陪伴和充分的关爱

C. 忽视婴幼儿的情感体验　　D. 不提供规律的作息和饮食习惯

二、简答题

1. 婴幼儿的“紧张期”是指什么？照护者应该如何应对？

2. 情感沟通与共鸣技巧是什么？请提供两个例子，说明这些技巧在与婴幼儿互动中的应用。

三、案例分析题

1. 请描述一个婴儿在“平静期”的特征与表现，并提供一个实际案例进行说明。

2. 根据您的理解，描述一个照护者通过情感教育与情绪指导帮助婴幼儿处理情绪的情景，并分析为什么这种方法有效。

3. 请阐述一个照护者通过创造安全稳定的家庭环境促进婴幼儿良好情感连接的案例，包括具体措施和结果。

第八章 婴幼儿社会性学习与发展

学习目标

知识目标

1. 理解婴幼儿社会性及社会性发展的含义，掌握婴幼儿社会性发展的内容及社会性发展对婴幼儿发展的意义。

2. 理解自我意识的含义及帮助婴幼儿形成良好自我意识的途径。

3. 掌握促进婴幼儿交往能力发展的方法。

能力目标

1. 会帮助婴幼儿形成良好的自我意识。

2. 掌握促进婴幼儿交往能力发展的方法。

素养目标

1. 认识婴幼儿社会性学习与发展的重要性。

2. 开展婴幼儿照护工作的过程中，能够科学合理地关注婴幼儿的社会性发展。

案例导入

3 岁的果果正在玩沙，妈妈在旁边和其他孩子的妈妈聊天，聊得热火朝天，果果几次过来，叫妈妈看她堆的城堡，让妈妈帮忙挖个坑，妈妈都应付着说："你自己玩去吧。"觉得失宠的果果发现正常途径没能把妈妈的注意力吸引过来，于是她突然把别人的城堡摧毁，抢别人的工具，听到别人家的小孩大声哭泣，果果的妈妈这才过来制止孩子，可是果果似乎发了疯，拉也拉不住，就是要毁人家的城堡、抢人家的东西。妈妈强行制止，于是她大哭大闹、大发脾气，弄得妈妈收不了场。

问题：你如何看待上述现象？如果你是果果妈妈，你会如何处理？

第一节 婴幼儿社会性学习与发展概述

一、婴幼儿社会性及社会性发展的含义

在发展心理学中，广义的社会性是指人在社会生存过程中所形成的全部社会特性的总和，包括人的社会心理特性、政治特性、道德特性、经济特性、审美特性、哲学特性等，它是和人作为生物个体的生物性相对而言的。狭义的社会性是指由于个体参与社会生活、与人交往，在他固有的生物特性基础上形成的那些独特的心理特性，包括信念、价值观和行为方式等，它们使个体能够适应周围的社会环境，正常地与别人交往，接受他人影响，反过来也影响他人，在努力实现自我完善的过程中积极地影响和改造周围环境。

婴幼儿社会性是指婴幼儿在其生物特性基础上，在与社会生活环境相互作用过程中，掌握社会规范，形成社会技能，学习社会角色，获得社会性需要、态度、价值，发展社会行为，并以独特的个性与人相互交往、相互影响，适应周围环境，由自然人发展为社会人的社会化过程中所形成的婴幼儿心理特征。

社会性发展强调社会化过程、道德发展、与同伴和家庭成员的关系，还涉及婚姻、为人父母、工作、职业角色、就业等。婴幼儿社会性发展是指婴幼儿在与他人关系中表现出来的行为模式、情感态度和观念以及这些方面随着年龄而发生的变化。

二、婴幼儿社会性发展的目标及保育要点

《托育机构保育指导大纲（试行）》中明确指出了婴幼儿社会性发展的目标及保育要点。

（一）目标

（1）有安全感，能够理解和表达情绪。

（2）有初步的自我意识，逐步发展情绪和行为的自我控制。

（3）与成人和同伴积极互动，发展初步的社会交往能力。

（二）保育要点

1. 7～12 个月

（1）观察了解不同月龄婴儿的需要，把握其情绪变化，尊重和满足其爱抚、亲近、搂抱等情感需求。

（2）引导婴儿理解和辨别高兴、喜欢、生气等不同情绪。

（3）敏感察觉婴儿情绪变化，理解其情感需求并及时回应。

（4）创设温暖、愉快的情绪氛围，促进婴儿交往的积极性。

2. 13～24 个月

（1）引导幼儿用表情、动作、语言等方式表达自己的情绪。

（2）培养幼儿愉快的情绪，及时肯定和鼓励幼儿适宜的态度和行为。

（3）拓展交往范围，引导幼儿认识他人不同的想法和情绪。

（4）引导幼儿理解并遵守简单的规则。

3. 25～36 个月

（1）谈论日常生活中幼儿感兴趣的人和事，引导其通过语言和行为等方式表达情绪和情感。

（2）鼓励幼儿进行情绪控制的尝试，指导其学会简单的情绪调节策略。

（3）创设人际交往的机会和条件，使幼儿感受与人交往的愉悦。

（4）帮助幼儿理解和遵守简单的规则，初步学习分享、轮流、等待、协商，尝试解决同伴冲突。

（三）指导建议

（1）观察了解每个婴幼儿独特的沟通方式和情绪表达特点，正确判断其需求，并给予及时、恰当的回应。

（2）与婴幼儿建立信任和稳定的情感联结，使其有安全感。

（3）建立一日生活和活动常规，开展规则游戏，帮助婴幼儿理解和遵守规则，逐步发展规则意识，适应集体生活。

（4）创造机会，支持婴幼儿与同伴和成人的交流互动，体验交往的乐趣。

三、婴幼儿社会性发展的基本过程与特点

（一）早期的同伴交往

婴幼儿在头三年里，虽然主要与其父母交往，但事实上也已开始了同伴间的相互交往，并在其交往中显现出婴幼儿在社交方式和社会接受性方面的差异。同时，随着认知能力的增长、活动范围的扩大，婴幼儿与同伴交往的时间和数量越来越多，同伴交往在其生活中所占的比重越来越大，并对婴幼儿的个性、社会性发展起着日益重要的影响。

婴幼儿早期同伴交往会经历以下三个发展阶段：

（1）以客体为中心阶段：婴幼儿的交往更多地集中在玩具或物品上，而不是同伴。

（2）简单交往阶段：婴幼儿已能对同伴的行为作出反应，经常企图去控制另一个婴幼儿的行为。

（3）互补性交往阶段：婴幼儿同伴间的行为趋于互补，出现了更多更复杂的社交行为，相互间模仿已较普遍，婴幼儿不仅能较好地控制自己的行动，而且还可以与同伴开展需要合作的游戏。

（二）婴幼儿自我认知的发展

自我认知的发展是婴幼儿社会化的重要组成部分，也是体现婴幼儿社会化的一个重要方面。婴幼儿自我认知发展的五个阶段如表 8－1 所示。

表 8－1 婴幼儿自我认知发展的五个阶段

阶段	月龄	表现
阶段一	5～9个月	婴儿显示对镜像的兴趣，他们注视它、接近它、抚摸它，对它微笑。但他们对自己的镜像与对其他婴儿形象的反应没有区别，说明他们并未认识到镜像里是自己的像、自己与他人的差别，以及自己是独立存在的个体。这是由于婴儿还没有萌生自我认知
阶段二	9～12个月	婴儿表现出对自己作为活动主体的认识，表现为他们主动地引起自身动作与镜像动作相匹配，表明婴儿对自己作为活动的主体的认识。这一阶段，婴儿产生了初步的主体我

续表

阶段	月龄	表现
阶段三	12～15个月	幼儿已能区分由自己作出的活动与他人所作出的活动的区别，对自己镜像与自己活动之间的联系和关系有了清楚的觉知，说明幼儿已会把自己与他人分开，主体我得到明确的发展
阶段四	15～18个月	幼儿开始把自己作为客体来认识，表现在对客体特征（如红鼻头）与主体特征的联系上，认识到客体特征来自主体特征，对主体某些特征有了稳定的认识。这反映了幼儿在客体我水平上的自我认知的发展
阶段五	18～24个月	幼儿已具有了用语言标示自我的能力，如使用代词（“我”“你”）标示自我与他人。幼儿在此年龄已经能意识到自己的独特特征，能从客体中认识自己，用语言标示自己，表明幼儿已具有明确的客体我

综上所述，婴幼儿的自我认知是在与外界客体相互作用中产生发展的。这种自我认知能力的发展，使婴幼儿在处理自己与外界事物、自己与他人的关系上更符合社会交往准则。婴幼儿自我意识和语言的发展，是婴幼儿从自然人向社会人转化的关键一步和标志。

知识链接

婴幼儿社会性发展里程碑

一、0～3个月

（1）会将头转向人声发出的方向。

（2）辨认出最初的看护者。

（3）与最初的看护者建立情感联系。

（4）在人脸上寻求安慰。

（5）发出社会性微笑。

（6）听到人声会变得安静。

（7）开始将自己和看护者区分开来。

二、4～6个月

（1）以哭泣、咕哝声或微笑来寻找成人与自己游戏。

（2）用整个身体来回应熟悉的面孔，如看着对方微笑、踢腿和摆手。

（3）通过发声来回应成人的话语，积极地与他人互动。

（4）会对着熟悉的面孔微笑，对着陌生人时则表情严肃。

（5）能区分熟悉与陌生的人和环境。

三、7～9个月

（1）与喜欢的成人分离时变得沮丧。

（2）为了挽留喜欢的成人，会故意作出黏人或哭泣的行为。

（3）会特别喜欢把成人作为探索活动的依靠。

（4）当别人显示出悲伤时看看他们。

（5）喜欢观察别的孩子并可以和他们玩一会儿。

（6）喜欢游戏，对诸如拍手游戏和玩“躲猫猫”游戏有反应。

（7）独自游戏。

（8）形成对特定人或物品的喜好。

（9）看到陌生人会害怕。

四、10～12个月

（1）对1～2位看护者表现出明确的偏爱。

（2）与其他孩子进行平行游戏。

（3）喜欢与兄弟姐妹游戏。

（4）开始有自己的主张。

（5）开始发展幽默感。

（6）通过辨认身体各部分来增强自我认同感。

（7）开始区分男孩和女孩。

五、13～18个月

（1）要求获得注意。

（2）模仿他人的行为。

（3）越来越意识到自己是一个独立的个体。

（4）向最初的看护者以外的人表达喜欢之情。

（5）显示出对物体的占有权。

（6）当自己独立完成某项任务时，可自动地形成自我观念。

六、19～24个月

（1）对他人陪伴表现出热情。

（2）从自我中心的角度看待世界。

（3）喜欢独自游戏或在成人附近游戏。

（4）参加功能性游戏。

（5）维护自己的物品。

（6）通过照片或镜子认识自己。

（7）使用代名词，用“我”来称呼自己。

（8）根据突出的特征对身边的人进行分类，如根据种族或头发的颜色。

（9）看见陌生人不再那么害怕。

七、25～36个月

（1）观察他人如何做事。

（2）要进行单独或平行游戏。

（3）开始与其他孩子合作游戏。

（4）希望自己独立做事情。

（5）通过不断用“不”来表示独立。

（6）开始意识到别人的愿望和感受可能与自己的不一样。

（7）向父母/监护人和看护者提出要求甚至“指挥”他们。

（8）较少通过身体作出攻击行为，更多地通过语言来解决问题。

（9）开始表达出带有性别特点的行为。

四、社会性发展对婴幼儿发展的意义

社会性发展对婴幼儿发展具有以下意义：

（1）社会性发展是婴幼儿健全发展的重要组成部分，促进婴幼儿社会性发展已经成为现代教育的最重要目标。

它与“体格发展”“认知发展”共同构成婴幼儿发展的三大方面。完美的人格对一个人智慧和能力的发展及事业的成功具有促进作用。一个人的道德水平、社会交往能力等对其事业的成功是很重要的。

（2）婴幼儿期是婴幼儿社会性发展的重要时期，婴幼儿社会性发展是婴幼儿未来发展的重要基础。

此阶段婴幼儿社会性发展的好坏直接关系到婴幼儿未来人格发展的方向和水平。

第二节 婴幼儿自我意识发展

婴儿出生的时候是不具备自我意识的，一直到 1 岁左右才开始出现自我意识的萌芽，或者说是一种自我的感觉。他们开始意识到自己与别人不一样，渐渐地知道了“我是谁”和“我不是谁”，一直到产生自我评价，如“我是个可爱的孩子”等。婴幼儿的自我意识就是这样一步一步发展起来的。

知识链接

自我意识

著名的成功学学者拿破仑·希尔曾经说过这样一句话：“一切的成就、一切的财富都源自一个意念——自我意识。”自我意识是一个人对自己的心理体验，包括对自己的认识、评价和期望等，它犹如“心灵面前的一幅长期且稳定的自我肖像画，使得你越来越和它相近”。

一、自我意识的定义与结构

自我意识是作为主体的我对于自己以及自己与周围事物的关系，尤其是人我关系的认识。自我意识至少表现在如下三个方面：第一，能意识到自己的身体、身体特征和生理状况。第二，能认知并体验到内心进行的心理活动。第三，能认识并感受到自己在社会和集体中的地位与作用。简言之，自我意识是人格的核心，是一个人对自己的心理倾向、个性心理特征和心理过程的认识与评价，具有帮助人认知自我、进行自我教育和自我完善的作用。

自我意识是一个由知、情、意构成的复杂结构。我国学者大多采纳以形式维度划分的自我意识结构，包括自我认识、自我体验和自我调控三个方面，它们分别代表着知、情、意三个维度。

自我认识也称自我认知，是自我意识中的认知成分，在学前期主要包括自我概念、自我评价和性别意识等。具体而言，自我概念是个人心目中对自己的印象，包括对自身存在以及个人身体、能力、性格、态度和思想等方面的认识。自我评价是个体对自己的思想、愿望、行为和个性特点的判断与评价。自我评价是婴幼儿在别人评价他（她）的过程中逐渐学会的，是自我概念发展的产物。性别意识也是学前婴幼儿对自己的认知的重要内容。1～2岁的幼儿开始知道自己的性别，直至6岁，儿童才形成比较全面、稳定的性别意识。

自我体验是自我意识中的情感成分，是伴随自我认识而产生的。自我体验的内容十分丰富，比如自尊与自信、成功感与失败感、自豪感与羞耻感等都是自我体验的产物。自尊与自信在婴幼儿的发展中是非常重要的人格特质，其中自尊是一种内驱力，激励着个体尽可能努力获得别人的尊重。自尊与人际关系有很显著的相关性，自尊感强的婴幼儿更可能建立积极的人际关系。自信则是个体对自己能力的信念，相信自己具有完成任务的能力。自信心的建立对个体发挥自我潜能、把握人生机会以及增进心理健康等都有重要作用。

自我调控是自我意识中的意志成分。自我调控主要表现为个体对自己的行为、活动和态度的控制与调节，在学前期发展的主要是自我监督、自我控制和自我调节，具有能动性、反馈性和修正性等特征。首先，自我调控的前提是自我监督。自我监督是指个体自主、独立、自觉地从事和管理自己的行为，因此具有能动性。其次，在自我监督的基础上，个体依据周围环境的变化来进行自我控制，自我控制具有反馈性。自我调节过程要求个体不断地去获得关于自身行为的进展、变化和结果的相关信息，与此同时还要不断地审视周围环境的变化。最后，自我调节具有修正性。自我调节的目的是让个体的行为能更好地符合环境的要求。在反馈的基础上，个体必须不断地修正自己的行为，才能使自己的行为符合外部的要求。

知识链接

红点实验

阿姆斯特丹（1972）借用动物学家盖勒帕在黑猩猩研究中使用的红点实验（以测定黑猩猩是否知觉“自我”这个客体），从而使有关婴幼儿自我觉知的研究取得了突破性进展。实验的被试是 88 名 3～24 个月大小的婴幼儿。实验开始时，在婴幼儿毫无察觉的情况下，主试在其鼻子上涂一个无刺激红点，然后观察婴幼儿照镜子时的反应。研究者假设，如果婴幼儿在镜子里能立即发现自己鼻子上的红点，并用手去摸它或试图抹掉，表明婴幼儿已能区分自己的形象和加在自己形象上的东西，这种行为可作为自我认识出现的标志。

二、影响婴幼儿自我意识发展的因素

婴幼儿自我意识的发展是以自己与他人和外界环境的相互作用为基础的。诸多学者都比较支持这一观点。因此，影响婴幼儿自我意识发展的因素也可以从这一观点得到佐证。

（一）社会互动支持着婴幼儿自我意识的发展

在社会交往的过程中，婴幼儿通过他人的评价逐渐认识自己，关于自我的概念也不断得到发展。心理学家指出，婴幼儿的自我概念形成的过程是通过镜像形成“镜像自我”的过程，即婴幼儿把他人当作一面镜子，通过他人对自己表情、评价和态度等来了解和界定自己，形成相应的自我概念。

在交往的过程中，除了“镜像自我”的影响，婴幼儿对他人的模仿对其自我认识的发展也产生了重要的影响。模仿是自我从他人身上获取某些东西的主要途径，自我的许多方面，如自我能力、自我信念及自己所持行为规范等，受他人的影响较大。研究发现，婴儿在刚出生时，就能模仿伸舌头、张嘴和手指运动等动作。这些模仿可以帮助婴儿感知自身的动作与他人动作的等价性，可以帮助婴儿更好地认识自我。当然，对于模仿的动作，婴幼儿在成人的指导下有意识地进行反复实践的话，其效果会更好。

（二）社会认知水平影响婴幼儿自我意识的发展

决定婴幼儿自我概念发展的另一个条件是婴幼儿社会认知能力发展的水平。在婴幼儿早期，由于认知能力的发展处于具体形象思维阶段，婴幼儿往往把自我、身体与心理混淆起来。这一时期，婴幼儿的自我概念严格局限于身体方面，自我被看作身体的组成部分，通常指头部，也有婴幼儿提及身体的其他部位，甚至整个身体。观点采择能力是社会认知能力的核心成分，指的是个体在自我认知或社会交往中脱离自我中心的限制，进行思维运算的能力。即个体与交往对象间转换观察问题的角度，在内部与他人的观点进行交流，想象、体验他人的观点，并将自我与他人的观点进行比较，进而采纳他人观点的能力。婴幼儿观点采择能力的发展有利于提高其自我认知的客观化程度。

三、促进婴幼儿形成良好自我意识的途径

（一）体育活动可以促进婴幼儿形成健康的自我意识

1. 制定切实可行的目标，选择合适的活动内容

婴幼儿主要通过动作感知周围事物，体育活动中大量基本动作练习可使婴幼儿进一步获得对自身动作的感知，有助于健康心理品质的形成。但身体的发展是一个由量变到质变的过程，具有连续性和阶段性的特点。同时每个婴幼儿之间还存在个别差异，任何过高或过低的目标和要求对婴幼儿发展都不利，超过婴幼儿的运动项目不仅会使婴幼儿运动机能损伤，还会使婴幼儿在几次遭受失败后产生否定自我的情况，过低的学习内容则起不到应有的作用。所以应根据每个婴幼儿的实际情况，设计和安排难度不同水平的体育活动。如在体育游戏“猴子摘桃”中，悬挂不同高度的“桃子”让每个婴幼儿都能按自己的能力摘到“桃子”。体育活动的目的，就是让每个婴幼儿都能找到适合自己练习的目标，并与以往的成绩进行比较，让婴幼儿发现自己的进步，获得成功的体验，对自己充满信心。

2. 做好充分的准备

这包括物质材料准备和知识准备。活动前提供丰富的体育活动器械，可刺激婴幼儿参与活动的欲望。此外，还要合理布置场地，方便活动，并做好安全检查。同

时，还要认真做好知识准备，知识准备可以分两个角度进行。一个角度是面向全班婴幼儿。如玩球前可以要求每个小朋友先想一想球有多少种玩法，然后组织婴幼儿在活动中进行交流。由于婴幼儿有了充足的准备，在活动中主动参与，积极表现，就可以玩出各种玩法，婴幼儿之间互相学习，使婴幼儿在婴幼儿照护人员和同伴的接受和肯定中，形成积极的自我概念。另一个角度是注意个别差异，主要是针对个别能力较弱的婴幼儿提出的。让这些婴幼儿事先做好准备，在活动中有意识地安排他们表演示范，增强他们的自信心，提高他们对自己的认识。

3. 客观、正确地评价婴幼儿

婴幼儿自我意识的发展，主要表现为自我评价的发展。婴幼儿自我评价能力不高，常常依赖成人的评价，而且自我评价带有主观情绪性，并受认识水平影响。婴幼儿学习评价主要通过成人正确评价，对此，成人应做到以下几点。

（1）每个孩子不可能都是优点或都是缺点，有的婴幼儿速度快，动作灵敏，但缺乏耐力，有的婴幼儿动作发展一般，但遵守纪律，练习刻苦。评价一个孩子时，引导他少与别人比，多与自己比，既指出他好的方面，又要指出他的不足。过高或过低地评价婴幼儿，会使婴幼儿形成不正确的自我评价，影响其良好个性的发展，所以成人在评价婴幼儿时要客观。

（2）在评价孩子时，应该以事实为依据，做到清楚、具体、明确，以便婴幼儿能够理解和接受。如“×××小朋友锻炼认真，能遵守规则，每个练习都完成得很棒。”这样，在婴幼儿照护人员的具体指导下，婴幼儿不仅明确了体育的要求，积极调整自己的行为，努力达到目标，而且学会了评价方法。

（3）有意识地从对外部行为的评价转向对内心品质的评价。婴幼儿参与体育活动的主要动力是自发的好动性，以及机体运动带来的快感，但体育中不乏大活动量带来机体的不适，动作有一定难度，不能轻易完成，摔倒、碰撞等都会影响婴幼儿参与活动的积极性，甚至产生退缩、畏惧、逃避等心理。因此，在评价婴幼儿动作完成情况的同时要挖掘其优秀的内心品质，如不怕困难、意志坚强、勇敢等，从而激发婴幼儿内心动力，引导婴幼儿对自己的内心品质进行评价，增强其评价能力。

4. 增强婴幼儿自我调节能力

自我意识的发展必须体现在自我调节和监督上。婴幼儿由于大脑发育尚不够完善、成熟，不能很好地自觉调整自己的心理行为，易受外界刺激和情境特点的直接制约，如成人的奖励和惩罚、同伴的态度、扮演的角色和特性等。通过多种形式，有意识地加强婴幼儿的自我调节能力训练。模仿性游戏较适用于年龄较大的幼儿，当他意识到自己是只“小鸡”时，就会把小手张得尖尖的，像小鸡的嘴巴一样地在地上吃米、虫。开展竞赛性游戏时，婴幼儿照护人员不能只注意到速度和动作质量，还应要求婴幼儿遵守纪律。中大班的幼儿，组织他们自己讨论体育活动应遵守的规则，使他们明白没有这些规则会影响活动，甚至会对身体造成伤害，从而让他们自觉遵守规则。除利用纪律和游戏规则来约束婴幼儿的行为外，还需要适当鼓励，对努力完成目标等多项要求的婴幼儿进行表扬和奖励，调动婴幼儿的积极性，同时使婴幼儿自觉控制自己的行为。如口头表扬 ×× 小朋友做得真好或比上一次有进步，并送他一颗小星星。另外，在组织体育活动过程中，婴幼儿照护人员还应给予婴幼儿结伴自由。自由结伴的游戏不仅使婴幼儿互相学习、互相交流、互相评价，还能使婴幼儿为了能被同伴肯定、欣赏和接受而有意调整自己的一些行为，从而锻炼自己的调节能力，有效防止婴幼儿的心理朝极端的自我中心方向发展。

（二）在教学和生活活动中，帮助婴幼儿获得积极的自我意识

1. 建构有效的主题活动，了解个体自我与客体

入园阶段是婴幼儿从家庭环境过渡到托育机构环境的关键期。婴幼儿入园前在家中备受呵护和关爱，多数家长对孩子的行为表现比较模糊。在托育机构新生入园时我们常常发现一些不适现象：哭闹不止、神情紧张、坐立不安，有的甚至自由散漫、不受约束。

对于特殊情况的孩子，婴幼儿照护人员可以创设行之有效的主题活动，让婴幼儿对个体自我和客体有所了解。如《我》：介绍我和我的家庭、认识自己的身体；《我的物品》：认识自己在托育机构使用的物品；《我的朋友》：认识同伴及一起玩游戏；《我的托育机构》：认识托育机构、婴幼儿照护人员、医生、食堂的叔叔阿姨等。通过这些主题活动使他们认识自己，对自己与托育机构的人和事物的关系建立初步的概念。与此同时，请婴幼儿将自己最喜爱的照片和玩具带到托育机构来，使他的自我情感得到满足，从而进一步接纳周围的环境。

2. 抓住日常生活契机，树立婴幼儿自信心

由于部分家长溺爱婴幼儿，生活小事也一味包办代替，这一定程度上造成孩子自理能力差，依赖性强。托育机构的日常生活非常琐碎，却在婴幼儿一日生活中占了相当多的时间，抓住日常生活中的每一个契机，对于孩子树立自信心尤为重要。如在进餐中，先给婴幼儿少盛一些饭，鼓励婴幼儿很快吃完，及时给予表扬：你真能干，真棒！有了一次成功的体验后，婴幼儿马上会添第二碗饭。又如：为鼓励婴幼儿积极参与生活能力锻炼，在班级中可以开展“能干宝宝”评比活动：自己吃饭奖励红星星、自己穿脱衣服奖励绿星星、自己整理玩具奖励黄星星。通过适当的鼓励让每个孩子得到不同颜色的星星，久而久之，让其自信心也随之树立，自我意识逐渐强化。

（三）在游戏交往中，帮助婴幼儿获得积极的自我意识

让婴幼儿从“自我中心”中摆脱出来，使其正确认识自己，并能正确认识别人。婴幼儿对角色扮演有着浓厚的兴趣，但他们只关心自己扮演什么角色，而不能与他人协调角色分配，他们所处的是“自我中心状态”。要改变这种自我中心状态，就要帮助婴幼儿合理分配角色，使自我主体与集体相互协调。

开始游戏时，先帮助婴幼儿互相协调分配角色，启发婴幼儿制定轮流变换角色的规则，让每个婴幼儿都有机会担任自己喜欢的角色。对于有谦让行为的婴幼儿以五角星、小红花等给予强化表扬，而对于特别“自我中心”、不能协调的婴幼儿则采取一些必要的“惩罚”，如取消他想得到的奖励（五角星、小红花），同时告诉他为什么得不到奖励，在下一次游戏角色分配前再提醒他争取得到想要的奖励。通过这样正反两方面的强化，有助于帮助婴幼儿逐步学会协商、合作，学会克制自己、明辨是非。

在交往中，婴幼儿往往会以自我为中心，认为什么都是我的，因此，在同伴相处中常常会出现一些纠纷。

案例：奇奇正想拿玩具柜上的毛绒小兔玩，亮亮走到他跟前，一把夺过小兔，奇奇毫不示弱想夺回来，两人开始争抢玩具，边抢还边说：“我的，我要玩的……”这样的事情在年龄较大的幼儿中屡见不鲜，他们的意识中认为“我喜欢的东西就是我的”。

对于此类问题，要运用移情教育法让婴幼儿理解和分享别人的情绪，如让婴幼

儿体验玩具被抢走时的难过心情，遇到困难时的焦急心情，分享同伴快乐时的愉悦心情，从而体验他人的感受，进而让婴幼儿从自我中心中摆脱出来，正确认识自己和他人。

（四）在良好的环境中，帮助婴幼儿形成良好的自我意识

刚进入托育机构的婴幼儿正处于自我意识发生时期，婴幼儿照护人员的评价对孩子自我概念的形成非常重要。在表扬某个婴幼儿乖时，没得到表扬的婴幼儿则会认为自己不乖，很沮丧；婴幼儿照护人员在对一个婴幼儿作出亲热拥抱时，在班上的其他婴幼儿也会要求婴幼儿照护人员抱抱。因此，婴幼儿照护人员要在面向全体婴幼儿的同时尽可能关爱每个婴幼儿，用亲切的微笑、和蔼的语言让他们感受到爱。

案例：倍倍小朋友年龄偏小，开始来托育中心时情绪不稳定、自理能力差，总是和集体“格格不入”。一开始，托育机构工作人员总是找机会和她聊聊，摸摸她的小脸蛋儿。起初倍倍总是以审视的眼光注视工作人员，一段时间后，工作人员和她建立了良好的关系，她一看见工作人员便会主动问好，工作人员便适时地表扬她，如“倍倍真是个有礼貌的好宝宝”“倍倍吃饭真干净”，使她渐渐融入班集体中。耐人寻味的是，有时工作人员对倍倍一句赞扬的话会引起其他孩子的极大反应。有的孩子甚至跑到工作人员的跟前说“我也是有礼貌的好宝宝，我也是”，一些孩子还亲热地抱住了工作人员。

孩子们的行为表现说明他们非常需要借助成人的评价来评价自己，获得自我满足。反之，如果忽视给进步的婴幼儿予以表扬，那婴幼儿从中获得的就可能是较低的自我评价——“我不聪明、我不行、我不是好孩子”。因此，正面评价对婴幼儿获得积极的自我意识具有极其重要的作用。

第三节　婴幼儿交往能力发展

交往是人的需要，也是社会对人的要求，通过交往，人们能够互相交流信息和感情，协调彼此之间的关系，达到共同活动的目的。婴幼儿时期的交往对婴幼儿的成长极为重要，它能促进婴幼儿更好地适应社会。未来社会需要我们的下一代具有

较强的社会交往能力，然而今天的独生子女在家能说会道，到了外面却胆小、自卑、孤僻，交往能力明显较弱。家庭、社会、托育机构作为对教育起着重要影响的三个方面，应从小就注意对婴幼儿进行交往能力的培养。当婴幼儿从家庭走向托育机构便开始过上集体生活，这便具备了培养婴幼儿良好的人际交往能力的条件。婴幼儿交往的对象主要是父母与同伴。因此本节主要从亲子交往与同伴关系入手，分析婴幼儿交往的核心经验及促进婴幼儿交往发展的方法和途径。

一、亲子交往

（一）亲子交往的内涵

亲子交往是指婴幼儿与其主要抚养人（主要是父母）之间的交往。它是婴幼儿期最重要的人际关系，对于婴幼儿的社会性发展具有重要的影响，这种人际关系具有"两重性"：一方面，从社会学的意义上看，它是人与人之间的平等关系，在这里，婴幼儿和父母一样，都是平等的社会成员，并不会因为一方弱小、一方强大而有所改变。另一方面，从教育学与心理学的角度看，这种关系又是不对等的，是成熟的人和幼稚的人、养育者和被养育者、保护者和被保护者、教育者和被教育者之间的"纵向"关系。这种人际关系建立在血缘的基础之上，因而彼此之间的交往伴随人的终老。亲子交往是婴幼儿早期社会生活中最主要的社会关系。

（二）亲子交往的方法与途径

1. 父母采取正确的教养方式

为了使宝宝成为人见人爱的婴儿，从能坐婴儿车起，家人就应该为宝宝创造机会，经常带宝宝到户外进行空气浴和日光浴，同时见见各式各样的人，并学习和他们打交道。7个月以后，家人应坚持每天有1～2趟的机会，选择阳光明媚的时间，带宝宝出来和外界进行交往，因为这个时辰往往也是其他小朋友出来玩、出来学习社会交往技巧的时间。让宝宝学习与相近月龄的宝宝相处，如主动对同伴微笑，或伸手触摸同伴；学习与小哥哥小姐姐进行肢体动作接触，如乐意接受哥哥姐姐触摸、推拽、逗弄；学习在大人的引逗下用笑声和肢体语言回应，如拍手欢迎、点头致谢、挥手再见。

2. 开展丰富多彩的社交性游戏

“请吃水果”游戏，妈妈用塑料叉子叉住水果后，拿给宝宝，并告诉他“给爸爸吃”。第一次宝宝可能因不太明白而不知该怎么做，所以妈妈必须抓住宝宝的手将水果递给爸爸吃，相信宝宝得到爸爸的称赞后会满心欢喜。类似这样的游戏可以在日常生活中反复出现。家长在教导宝宝慷慨地分享自己的东西时，宝宝将逐步掌握和别人亲近的方法，产生与人分享的意识。

配合秩序感的建立而开展的“小助手”游戏，家长可以让宝宝偶尔帮一下忙，然后记得对宝宝说“请”“谢谢”。如在固定的活动区内，把整理玩具当作游戏，让宝宝觉得很好玩。虽然宝宝现在可能还不明白这样做的目的，但是早点开始这方面的教育总是有好处的。你可以把一件事分成很多小部分带着宝宝慢慢做，他需要你在身旁帮助和指导。这样日复一日，可促使宝宝建立良好的秩序感，让宝宝秩序成习惯、习惯成自然、自然成人格，有助于宝宝更好地与人交往。

3. 让爸爸发挥独特的作用

妈妈的爱会让宝宝安全感十足，而爸爸的爱则能让宝宝开足马力去探索和学习。在此，有必要给妈妈们建议：应该让爸爸更好地发挥独特的作用。

如参与制订宝宝的各种成长计划，摸索如何使哭闹的宝宝平静下来，创新与宝宝一起玩的游戏等。即使爸爸的方法不太对头，也不要过多干预，应该学着适应。因为父子间的交往大多通过身体运动来呈现，比如“飞机抱”“荡秋千”“骑大马”等，或是更刺激的探索性、操作性游戏等。由于父子游戏比母子游戏运动量更大、更具创新性，所以有人用智商来测验、考察婴幼儿智力水平与早期父子交往的关系，结果发现：早期与父亲在一起积极交往机会多的婴幼儿，其智商普遍较高，智力较发达。

可见，早期父子游戏的数量、质量对宝宝将来的智力发展有一定的影响。因此，要充分发挥爸爸在亲子交往中的独特作用，促进亲子交往的发展。

4. 早期教育指导机构所开展的亲子游戏活动能促进亲子交往的发展

“早期教育指导机构”（简称早教机构）是指以 0 ～ 3 岁婴幼儿及其家长为服务指导对象，对其提供教养服务和咨询的专门机构。在这样的早教机构中，指导婴幼儿照护人员根据不同月龄段婴幼儿的特点设计了各种不同内容的活动，开展各类型的亲子指导游戏。在促进婴幼儿发展的同时，也增强了对家长育儿能力的指导。所有不同类型亲子游戏活动的开展均有一个共同的指向，那就是能促进家长与婴幼儿之间的亲子情感的交流，帮助建立良好的亲子关系。

二、同伴交往

（一）同伴交往的内涵

婴幼儿生活的主要场所是家庭，其交往的对象也主要是父母及其家人。但在这个过程中，婴幼儿随着各方面能力的发展，会逐步走出家庭，与更多的人产生交往，其中之一就是同伴。婴幼儿会与更多的同龄婴幼儿产生交往，形成一种重要的人际关系——同伴关系。同伴关系是指年龄相同或相近的婴幼儿之间在共同的活动中建立的人际交往关系。同伴关系是婴幼儿社会性发展的重要内容，也是其他方面社会性发展的主要背景。

（二）同伴交往的方法与途径

1. 引导宝宝学习礼貌用语

教会孩子见到同伴时该怎样问好，与小伙伴分别时该怎样与同伴道别；让孩子学会使用礼貌用语“早上好”“再见”等。在家里，不断提醒孩子使用“谢谢”等礼貌用语，家长也应该注意自身语言的规范性，促使孩子在良好的语言环境中进行模仿，发展语言表达能力，为同伴交往奠定良好的基础。

2. 使用商量性交往语言

1.5 岁以后的孩子在与同伴交往的时候有一个共同点，那就是他们运用语言进行交往的能力较差，不善于主动与同伴交谈，不会用合适的语言表达自己的想法和态度，也不善于根据不同情况运用恰当的语言向对方作出回应或解决问题。他们更喜欢运用自己的身体语言——用手拉、推、抢等方式来解决问题。如浩浩和恩然在玩沙，浩浩有很多玩沙的工具，而恩然没有。见浩浩的铲子没有使用，恩然拿起来就走。浩浩不乐意了，一把抢了回来。此时，小米也来参与玩沙，他走近浩浩身边说：“浩浩，我能用用这把铲子吗？”浩浩爽快地点了点头。在与同伴的交往中，小米恰当地使用了商量性交往语言，更好地协调双方行为使得双方的交往得以友好进行。

3. 采用正确方式满足交往的需要

与同伴在一起时，孩子总是对同伴的玩具充满了好奇，总想拿在手里玩一玩。此时，倘若对方不愿意，同伴交往便难以继续。若一方能采用交换的方式与之交往，则交往能继续进行。若自己的玩具不能引发对方的兴趣，孩子则会继续思考别的方式来满足自己的心愿。在这样一个过程中，双方的意愿逐渐在妥协中趋向一致，交往得以不断进行。因此，在交往中，采用交换的方式，不断协调自己的意愿，均是孩子同伴交往的正确方式。

知识链接

婴儿的气质类型

1. 按活动特性划分

（1）情绪性：通过行为、心理、生理变化而表现出悲伤、恐惧或愤怒的反应。

（2）活动性：忙于探索外在世界和做运动，经常从事运动性游戏。

（3）社交性：愿意与不同的人接触，不愿独处，交往中反应积极。

（4）冲动性：极易冲动，情绪、行为缺乏控制，行为反应的产生、转换和消失都很快。

2. 按三种类型划分

托马斯（A. Thomas）和切斯（S.Chess）根据适应性、生活节律、情绪状态、趋避性等表现将婴儿气质分为以下三种类型：

（1）容易抚养型（约 40%）。他们的行为倾向于有规律性，容易适应。教育策略：防止今后面临复杂冲突时无法适应。

（2）抚养困难型（约 10%）。他们在吃、睡和一般活动中都不规律。他们是情绪型的。教育策略：充满爱心，耐心引导。

（3）发展迟缓型（约 15%）。他们对新的经验适应比较缓慢，很少表现出强烈的情绪——无论积极还是消极的情绪。教育策略：顺其自然，因势利导。

本章小结

本章深入探讨了婴幼儿社会性学习与发展的相关知识，明确了社会性发展对婴幼儿的重要性，并提出了具体的教育目标和保育要点。首先，我们了解到婴幼儿社会性发展的含义，它包括婴幼儿在社会化过程中形成的心理特征，如信念、价值观和行为方式等。这一发展过程不仅涉及婴幼儿与家庭成员的关系，还包括与同伴的交往、婚姻、职业角色等更广泛的社会层面。本章详细介绍了婴幼儿社会性发展的目标，包括建立安全感、初步的自我意识、情绪和行为的自我控制，以及与成人和同伴的积极互动等。为了实现这些目标，本章提出了一系列保育要点，涉及不同月龄婴幼儿的具体指导建议。此外，本章还讨论了婴幼儿自我意识的发展，包括自我认识、自我体验和自我调控三个方面，并强调了体育活动、教学和生活活动以及游戏交往在促进婴幼儿自我意识中的积极作用。本章强调了婴幼儿交往能力发展的重要性，并从亲子交往和同伴关系两个方面，分析了婴幼儿交往能力发展的核心经验和促进婴幼儿交往能力发展的途径。通过案例分析，本章展示了如何在日常生活中引导婴幼儿学习社会交往的技巧，如礼貌用语的使用、商量性交往语言的运用，以及通过交换和协调意愿来满足交往需要。本章的内容为家长和教育工作者提供了宝贵的指导，帮助他们更好地理解和支持婴幼儿的社会性发展。

同步练习

一、选择题

1. 婴幼儿社会性发展的关键期是（　　）。

A. 0 ～ 6 个月　　B. 1 ～ 3 岁　　C. 3 ～ 6 岁　　D. 6 ～ 12 岁

2. 在婴幼儿社会性发展中，（　　）不是《托育机构保育指导大纲（试行）》中提出的目标。

A. 有安全感，能够理解和表达情绪　　B. 与成人和同伴积极互动

C. 掌握 1000 个以上汉字　　D. 逐步发展情绪和行为的自我控制

3. 在婴幼儿自我意识发展的（　　），他们开始使用代词（“我”“你”）来表示自我与他人。

A. 阶段一（5 ～ 9 个月） B. 阶段二（9 ～ 12 个月）

C. 阶段四（15 ～ 18 个月） D. 阶段五（18 ～ 24 个月）

4. 根据托马斯和切斯的理论，抚养困难型婴儿的气质特点是（ ）。

A. 行为有规律性，容易适应 B. 在吃、睡和一般活动中都不规律

C. 对新经验的适应比较缓慢 D. 情绪、行为缺乏控制

5. 促进婴幼儿交往能力发展的方法不包括（ ）。

A. 引导宝宝学习礼貌用语 B. 使用商量性交往语言

C. 限制宝宝与同伴的玩具交换 D. 采用正确方式满足交往的需要

二、简答题

1. 描述婴幼儿社会性发展的三个主要阶段，并解释每个阶段的特点。

2. 根据婴幼儿社会性发展的内容，解释为什么亲子交往和同伴交往对婴幼儿的社会性发展至关重要。

三、案例分析题

1. 作为一名婴幼儿照护者，你应怎样帮助婴幼儿形成良好的自我意识？请描述一种可行的方法。

2. 作为一名幼儿教育工作者，你如何促进婴幼儿的交往能力发展？请提供至少两种方法。

3. 为什么婴幼儿社会性学习与发展具有重要性？请列举两个理由支持这一观点。

4. 作为从事婴幼儿照护工作的人员，你如何在实际工作中科学合理地关注婴幼儿的社会性发展？请提供具体做法。

第九章 婴幼儿学习与发展评价体系

学习目标

知识目标

1. 理解婴幼儿学习与发展评价的基本概念和意义，了解评价体系在婴幼儿教育中的作用与价值。

2. 掌握婴幼儿学习与发展常见的定量和定性评价工具，包括其使用方法和适用场景。

3. 理解婴幼儿学习与发展评价中的技术性问题，学会应对和解决相关挑战。

能力目标

1. 能够运用适当的评价工具，对婴幼儿的学习与发展进行全面、系统的评估，识别婴幼儿的优势和需求。

2. 具备观察和记录婴幼儿学习与发展的能力，运用不同的评价方法进行深入分析，提出有效的发展建议。

3. 能够识别婴幼儿学习与发展评价中的问题，提出改进方案，提高评价的准确性和有效性。

素养目标

1. 培养专业责任感，能够为婴幼儿提供个性化的教育方案，促进其全面发展。

2. 培养观察和分析问题的能力，能够运用科学的方法解决婴幼儿学习与发展中的挑战。

3. 培养团队合作精神，能够与家长和其他教育专家合作，共同推动婴幼儿学习与发展的优化。

案例导入

在一所托育机构中，工作人员发现，不同年龄段的婴幼儿在学习和发展方面呈现出各种差异。有的婴幼儿在语言发展方面表现出色，而在社交能力上较为内向；有的婴幼儿在动手能力方面表现突出，但在认知发展上相对较慢。工作人员意识到，了解婴幼儿学习与发展的具体状况，采用合适的评价体系，对于提供个性化教育、促进婴幼儿全面发展至关重要。

问题：

1. 你认为了解婴幼儿学习与发展的具体状况有何意义？在教育实践中，它如何帮助婴幼儿照护人员提供更好的教育服务？

2. 在面对不同年龄段婴幼儿时，你觉得哪些评价工具更适用？为什么？

3. 在评价婴幼儿学习与发展时，你认为应该关注哪些方面的指标？这些指标如何帮助你更好地了解婴幼儿的发展需求？

4. 如何根据评价结果为婴幼儿制订个性化的教育计划？你认为个性化教育在婴幼儿教育中的作用是什么？

5. 在评价婴幼儿学习与发展时，你遇到过哪些挑战？你是如何克服这些挑战，提高评价的准确性和有效性的？

第一节　婴幼儿学习与发展评价的意义

一、婴幼儿学习与发展评价的基本概念和意义

（一）婴幼儿学习与发展评价的定义

婴幼儿学习与发展评价是一种系统性的过程，旨在了解和记录婴幼儿在各个方面的发展情况。这种评价不仅仅关注婴幼儿的智力水平，还评价情感、社交、身体发展等多个方面的能力。这些评价可以帮助人们更全面地了解婴幼儿的发展状态，为他们提供个性化的教育和支持。

1. 婴幼儿学习与发展评价关注婴幼儿的认知能力

这包括婴幼儿的语言发展、记忆能力、问题解决能力等。例如，在语言发展方面，评价者会关注婴幼儿的语言表达能力，包括词汇量、语法运用等。这些评价可以帮助人们了解婴幼儿在语言认知上的进展，为后续的语言教育提供指导。

2. 婴幼儿学习与发展评价关注婴幼儿的情感和社交发展

这包括婴幼儿的情绪管理能力、与他人的互动能力、友谊和合作等。例如，在情感管理方面，评价者可能观察婴幼儿在面对挫折时的应对方式，了解他们的情绪调节能力。在社交能力方面，评价者可能观察婴幼儿在团体活动中的参与程度和与他人的交流互动。这些评价可以帮助人们了解婴幼儿在情感和社交方面的发展水平，为培养其良好的人际关系打下基础。

3. 婴幼儿学习与发展评价还关注婴幼儿的身体发展

这包括婴幼儿的运动能力、协调性、精细动作等。例如，在运动能力方面，评价者可能观察婴幼儿的爬行、走路、跑步等动作，了解他们的运动发展水平。在精细动作方面，评价者可能观察婴幼儿的握笔、涂鸦、穿线等技能，了解他们的手眼协调能力。这些评价可以帮助人们了解婴幼儿在身体发展方面的优势和需要改进的地方，为提供相应的锻炼和活动建议提供依据。

婴幼儿学习与发展评价不仅仅是对智力水平的评估，更是对婴幼儿多方面能力的全面了解和记录。通过评价，人们可以更好地满足婴幼儿的需求，提供有针对性的教育和支持，帮助他们健康快乐地成长。

（二）评价的目的和意义

婴幼儿学习与发展评价的目的在于全面了解婴幼儿的发展水平、指导个性化教育、监测发展进程等。

1. 评价帮助人们了解婴幼儿的个体差异和发展特点

每个婴幼儿在智力、情感、运动等方面的发展都有差异，通过评价，人们可以深入了解每个婴幼儿的优势和需求，为个性化教育提供依据。例如，在智力评价中，发现某个婴幼儿在语言方面表现突出，则可以为其提供更多的语言启发活动，满足其认知需求。

2. 评价提供了科学依据，帮助教育者和家长作出明智的决策

通过系统的评价，可以了解婴幼儿的学习和发展状况，为教育者提供决策依据。例如，在情感评价中，如果发现某个婴幼儿在集体活动中常常表现出羞怯，教育者可以采取针对性的方法，帮助孩子克服羞怯情绪，促进其自信心的培养。

3. 评价的意义不仅在于提供科学依据，还在于促进婴幼儿的全面发展

了解婴幼儿的发展水平，能够帮助发现他们的潜能，指导他们发展潜能，促进其智力、情感、社交、身体等各方面的全面发展。例如，在评价中发现某个婴幼儿在绘画方面表现出色，教育者可以鼓励并提供更多的绘画材料，促进其艺术才能的发展。

4. 评价有助于家长了解孩子，提供更好的家庭支持

当家长了解婴幼儿在学习和发展上的优势和困难时，能够更好地引导孩子，为他们提供有针对性的支持。例如，在评价中发现婴幼儿在数学方面有困难，家长可以采取额外的数学启发游戏，帮助孩子克服困难，增强自信心。

5. 评价有助于指导婴幼儿照护人员开展教学活动

婴幼儿照护人员通过对婴幼儿的学习与发展进行评价，可以更好地调整教学方法，制订个性化的教育计划。例如，在评价中发现某个婴幼儿对音乐特别感兴趣，婴幼儿照护人员可以增加音乐活动的频率，为其提供更多的音乐学习机会，激发其音乐天赋。

婴幼儿学习与发展评价的目的在于了解婴幼儿的发展水平，指导个性化教育，监测发展进程。评价的意义在于提供科学依据、促进婴幼儿全面发展、帮助家长了解孩子、指导婴幼儿照护人员教学，为婴幼儿的学习与发展提供有力支持。

（三）评价体系的构建

评价体系的构建是指建立一个系统的框架，用于全面、多角度、多层次地了解婴幼儿的发展状态。评价体系的构成要素包括认知能力、语言发展、社交能力、身体运动等多个方面。

认知能力评价包括婴幼儿的观察力、记忆力、问题解决能力等。例如，在认知能力评价中，通过观察婴幼儿对周围环境的反应、记忆游戏中的图形或颜色等，教

育者可以了解其认知水平。

语言发展评价包括婴幼儿的听觉、口语表达、词汇量等方面。通过语言发展评价，教育者可以了解婴幼儿的语言理解和表达能力。例如，在语言发展评价中，教育者可以通过观察婴幼儿对语言的反应、他们能够使用的词汇量和语法结构等，了解其语言发展水平。

社交能力评价包括婴幼儿的情绪管理、人际关系、合作能力等。在在社交能力评价中，教育者可以观察婴幼儿在与他人互动时的表现，了解他们的社交技能和情绪管理能力。例如，通过观察婴幼儿在团体活动中的合作行为、与他人分享玩具的态度等，教育者可以了解其社交能力。

身体运动评价主要包括婴幼儿的大肌肉运动和小肌肉运动。通过身体运动评价，教育者可以了解婴幼儿的运动发展水平、协调性等。例如，在身体运动评价中，教育者可以观察婴幼儿在爬行、走路、抓握物体等活动中的表现，了解其大肌肉运动和小肌肉运动的发展水平。

总的来说，评价体系的构建应该是综合性的，即包括多个方面的评价指标，全面地了解婴幼儿的发展状态。通过这种综合性的评价体系，可以更准确地了解婴幼儿的发展特点，为个性化的教育和干预提供科学依据。例如，如果一个婴幼儿在认知能力评价中表现出色，但在社交能力评价中有困难，教育者可以针对性地为其提供社交技能培训，帮助其发展社交能力，促进其全面发展。因此，评价体系的构建应该是全面、多角度、多层次地了解婴幼儿的发展状态，为他们提供个性化的支持和指导。

二、婴幼儿学习与发展评价对教育实践的指导作用

（一）个性化教育方向的确定

婴幼儿学习与发展评价的关键之一是帮助教育者了解每个婴幼儿的个体差异，从而确定个性化的教育方向。婴幼儿在认知、情感、语言、社交等方面的发展差异是普遍存在的。评价结果通过量化和描述性的数据呈现，揭示了每个婴幼儿在不同领域的能力水平。这些数据为教育者提供了关于婴幼儿个体特点的重要线索。个性化教育方向的确定首先依赖于对这些特点的深入了解。

例如，通过评价，教育者发现小明在语言发展方面表现出色，但在社交能力方面相对较弱。针对小明的个体特点，教育者可以制定个性化的教育方案。为了促进他的社交能力发展，教育者可以设计小组活动，鼓励他与其他孩子互动，同时为他提供更多的语言表达机会，以便他更好地融入团体。相比之下，对于另一个婴幼儿小红，评价结果显示她在身体运动方面非常优秀，但在情感认知方面有挑战。针对她的情况，教育者可以设置特殊的体育活动，以促进她在身体运动领域的天赋，同时开展情感认知的游戏和活动，帮助她更好地理解自己和他人的情感。

通过个性化的教育方向，教育者可以更好地满足每个婴幼儿的需求，最大限度地发挥他们的潜能，使得他们在学习与发展的道路上更好地成长。

（二）教育干预的指导

婴幼儿学习与发展评价在发现婴幼儿发展问题上发挥着关键作用。婴幼儿学习与发展评价通过系统的数据和观察，能够准确地描绘婴幼儿在各个发展领域的能力水平。当评价结果显示婴幼儿在某个领域存在问题时，教育者可以迅速采取干预措施。这种早期干预不仅能够预防问题的进一步恶化，还能够在婴幼儿的大脑发育期提供及时的支持，帮助他们克服困难，正常发展。

例如，假设评价结果显示小杰在语言发展方面存在问题，表现为词汇量较小，语言表达能力较差。在发现这一问题后，教育者可以采取具体的教育干预措施。他们可以为小杰安排语言矫正训练课程，包括语音练习、听力训练和词汇扩展。同时，教育者可以与小杰的家长合作，制订家庭语言培养计划，鼓励家长在日常生活中增加与小杰的语言互动时间，通过游戏、故事讲述等方式提高他的语言表达能力。这种及时的教育干预帮助小杰克服了语言发展上的困难，确保了他在学语言的关键阶段不会落后于同龄人，为他未来的学习奠定了良好基础。

通过评价结果的及时分析和干预，教育者可以有针对性地制定教育方案，帮助婴幼儿克服发展问题，实现健康、全面的成长。

（三）家庭教育的支持

婴幼儿学习与发展评价结果反映了婴幼儿在认知、情感、社交等多个方面的发展水平。这些信息为家长提供了了解孩子需求和兴趣的窗口。评价结果能够揭示婴幼儿的学习风格、兴趣爱好、强项和需要提高的领域，使家长更好地了解孩子，有针对性地进行教育和引导。

假设评价结果显示小明在音乐领域表现出色，对乐器特别感兴趣。家庭教育者可以根据这一信息，为小明提供音乐教育的支持。他们可以为小明报名音乐课程，鼓励他参加音乐比赛和演出，提供音乐器材供他练习。同时，家长也可以与小明分享音乐的乐趣，一起听音乐、唱歌、弹奏乐器，加深亲子关系。这样的支持不仅帮助小明充分发展他的音乐才能，也增强了他的自信心和学习动力。

通过家庭教育者根据评价结果提供的有针对性的支持，婴幼儿在家庭环境中得到了更好的发展，家长也更加明智地引导孩子的学习方向。这种家庭教育的支持有助于婴幼儿全面发展，提高家庭教育的质量。

（四）婴幼儿照护人员教学方法的调整

婴幼儿学习与发展评价结果可以帮助婴幼儿照护人员更好地了解每个婴幼儿的学习特点和需求。基于这些信息，婴幼儿照护人员可以调整教学方法，以满足不同婴幼儿的学习风格和发展水平。他们可以采用个性化教学方法，为每个婴幼儿量身定制教学计划，提供更加有针对性的指导和支持。同时，评价结果也能够帮助婴幼儿照护人员识别出婴幼儿在某些领域可能存在的困难，及早进行干预和支持，以防止问题的进一步加剧。

假设评价结果显示班级中有几位婴幼儿在语言表达方面存在困难，容易产生沟通障碍。婴幼儿照护人员在意识到这一点后，可以采用多媒体辅助教学的方式，使用图片、视频等视觉化工具帮助孩子理解课程内容。同时，婴幼儿照护人员还可以开展小组互动活动，鼓励婴幼儿进行语言交流，提高他们的语言表达能力。通过这些调整，婴幼儿在语言表达方面的困难得到了有效缓解，提高了他们的学习积极性和参与度。

婴幼儿照护人员根据婴幼儿学习与发展评价结果进行教学方法的调整，不仅提高了教学效果，也使得婴幼儿更加积极地参与学习，实现了个性化教育的目标。这种针对性的教学方法调整为婴幼儿提供了更好的学习环境和学习体验。

（五）托育机构教育管理的优化

评价结果可以为托育机构领导提供全面了解婴幼儿发展状况的数据支持。通过分析这些数据，托育机构管理层可以发现托育机构整体教学质量的薄弱环节，进而有针对性地制订改进计划。比如，如果评价结果显示学生在社交能力方面普遍较弱，托育机构管理层可以通过组织社交技能培训课程、开展团体活动等方式，加强婴幼儿的社交能力培养，以促进整体校园氛围的改善。

此外，评价结果也可以帮助托育机构进行资源分配的决策。通过了解婴幼儿的学习需求和特点，托育机构可以有针对性地配置教学资源，提供更好的学习环境。例如，如果评价结果显示婴幼儿对艺术类课程有较高兴趣，托育机构可以增加艺术类婴幼儿照护人员的编制，提供更多艺术教育资源，满足婴幼儿的学习需求。

假设评价结果显示在托育机构的课后托管服务中，婴幼儿的自主学习和创造力得到了较好的发展，但社交能力相对较弱。托育机构管理层在得知这一情况后，决定增加托管服务中社交技能培训的课程时间，安排专门的社交能力培训师。通过定期的社交活动、角色扮演和小组合作等方式，婴幼儿在托管服务中得到了更多的社交锻炼，提高了他们的社交能力。

通过婴幼儿学习与发展评价结果的分析，托育机构管理层得以深入了解学生的需求和问题，针对性地调整了资源配置和服务内容，提高了托育机构教育管理的效率和质量。这种优化措施不仅满足了婴幼儿的个性化需求，也使托育机构的综合实力得到持续提升。

三、婴幼儿学习与发展评价与个体差异的关系

婴幼儿时期，每个孩子都是独特的个体，拥有自身独特的生理、心理和情感特征。这种个体差异是多方面因素综合作用的结果，包括遗传因素、环境影响、学习经历等。个体差异在婴幼儿学习与发展中表现得淋漓尽致，影响着他们的学习方式、学习速度、兴趣爱好以及情感需求。了解并尊重这些个体差异是评价婴幼儿学习与发展的关键。

在评价婴幼儿学习与发展时，评价方法的多样性体现了对个体差异的充分尊重。传统的评价方法通常侧重于知识与技能的掌握程度，然而，对于婴幼儿这个特殊群体，单一的知识技能评价无法全面反映他们的学习与发展状况。因此，现代的评价方法不仅包括认知能力的评估，还关注情感、社交、身体运动等多个领域。例如，

通过观察婴幼儿的社交互动、参与团体活动等，评价者可以更好地了解婴幼儿的社交能力和团队合作精神，这种方法更加贴近婴幼儿的实际情况，更好地体现了个体差异。

个体差异的存在意味着每个婴幼儿在学习与发展中可能面临不同的困难和挑战。在教育干预中，针对个体差异制定个性化的教育方案变得至关重要。例如，对于语言发展相对滞后的婴幼儿，教育者可以通过增加语言启蒙游戏、提供更多的语言刺激等方式，有针对性地促进其语言能力的发展。这种个性化的干预措施更容易产生积极的效果，因为它考虑了个体差异，量身定制了教育方案。

评价婴幼儿学习与发展不仅是了解他们的能力水平，更是培养个体差异意识的过程。通过评价，教育者和家长可以更深入地认识到每个婴幼儿的独特之处，明白他们在学习与发展中所面临的个体差异。这种意识的培养不仅有助于制定个性化的教育计划，还有助于提高教育者和家长的教育水平，使他们更好地应对不同个体差异，更好地引导婴幼儿的学习与发展。个体差异意识的培养不仅有助于提高婴幼儿学习与发展的质量，也有助于培养他们的个性特长，促使他们在未来的学习与生活中更好地发挥自己的优势。

第二节　婴幼儿学习与发展常用评价工具

一、定量评价工具

定量评价工具是一种客观、量化的测量方法，通常使用标准化的测试工具，例如发育评估量表和认知能力测试，来评估婴幼儿的学习与发展水平。

（一）发育评估量表

发育评估量表是一种系统化的评价工具，用于测量婴幼儿在生理、心理、社交和语言等方面的发育水平。这些量表通常根据婴幼儿的年龄和发育阶段设计，可以帮助评价者了解婴幼儿是否符合其年龄段的发育标准。Denver 发育筛查测验就是一种常用的发育评估量表，它通过观察婴幼儿的动作、语言和社交行为，来评估其发育水平。

（二）认知能力测试

认知能力测试主要用于评估婴幼儿的认知发展，包括注意力、记忆、思维等方面的能力。这些测试通常通过观察婴幼儿的行为反应和回应，来判断其认知能力的发展水平。例如，贝叶斯认知发展量表（Bayes Scales of Infant Development）是一种广泛使用的认知能力测试工具，它可以评估婴幼儿的运动发展、认知发展和语言发展等方面的能力。

二、定性评价工具

定性评价工具主要通过观察、访谈和案例分析等方式，收集婴幼儿的行为和表现，以便更全面地了解其学习与发展状态。与定量评价工具相比，定性评价工具更注重婴幼儿的日常行为和情境表现。

（一）观察记录法

观察记录法是一种常用的定性评价方法，通过观察婴幼儿在特定情境下的行为和反应，记录下他们的学习和发展表现。观察者可以关注婴幼儿的社交互动、游戏行为、语言表达等方面，从而了解他们的发展水平和特点。

（二）访谈法

访谈法通常包括与婴幼儿的家长、照护者和教育者进行交流，了解婴幼儿的日常生活、兴趣爱好、情感状态等信息。访谈可以帮助评价者更深入地了解婴幼儿的个性特点和家庭环境，为评价提供更多的背景信息。

（三）案例分析法

案例分析法是一种综合性的定性评价方法，通过深入分析婴幼儿的个案，包括他们的家庭背景、教育经历、行为特点等，以全面了解其学习与发展状况。案例分析法常常需要评价者具备较高的专业知识和分析能力，能够从多个角度对婴幼儿的发展进行深入剖析。

三、婴幼儿学习与发展评价中的技术性问题与解决方法

婴幼儿学习与发展评价在提供有效信息的同时，也面临着一系列技术性问题。这些问题可能涉及评价工具的选择、评价过程中的误差、数据的分析与解释，以及结果的合理性等。在面对这些挑战时，教育工作者和研究人员需要采取一系列方法和策略，以确保评价的准确性和有效性。

（一）评价工具的选择问题

评价工具的选择至关重要，不同的评价工具可能涵盖的领域和特点各异。面临这一问题时，可以采取以下策略：

（1）综合比较：对各种评价工具进行综合比较，考虑其适用范围、信度、效度等指标，选择最符合评估目的的工具。

（2）专家意见：征求专家意见，包括教育学家、心理学家等领域的专家，听取他们对不同工具的看法和建议。

（二）评价误差与可靠性问题

在评价过程中，可能会出现测量误差，影响评价结果的准确性和稳定性。解决这一问题的方法包括：

（1）训练评价者：对评价者进行系统的培训，确保他们能够正确理解和应用评价工具，减少评价误差的产生。

（2）建立评价体系：建立完善的评价体系，包括多个指标和多个评价工具，通过多角度、多方面的评价，降低单一因素的影响，提高可靠性。

（三）数据的分析与解释问题

评价得到的数据需要进行合理的分析和解释，以得出准确的结论。在处理数据时，可以采取以下策略：

（1）统计分析：使用统计方法对数据进行分析，例如均值、标准差、相关性分析等，以便更清晰地了解婴幼儿的学习与发展特点。

（2）深度解读：将数据与实际情境相结合，深入解读数据背后的含义，了解婴幼儿的发展轨迹，避免仅仅停留在表面现象的描述。

（四）结果的合理性问题

评价结果需要具备合理性和说服力，以便为决策提供支持。在确保结果合理性方面，可以采取以下方法：

（1）对比分析：将评价结果与其他研究或实证数据进行对比，以验证结果的合理性和一致性。

（2）多方确认：利用多种评价方法和工具，从不同角度确认婴幼儿的学习与发展状态，提高评价结果的可信度。

综合以上策略，可以更好地应对婴幼儿学习与发展评价中的技术性问题，确保评价结果的准确性和有效性。同时，不断深入研究和实践，积累经验，也是提高评价质量的关键。

第三节 婴幼儿学习与发展评价案例分析

一、发展评价中的个体差异分析

在认知发展评价中，个体差异常常表现为婴幼儿在语言能力、问题解决能力、注意力集中等方面存在差异。以下是一个案例分析，展示了儿童认知发展评价中的个体差异。

（一）案例背景

在一所托育机构进行了一次 3 岁幼儿的认知发展评价。评价内容包括语言理解、图形识别和逻辑思维等。参与评价的幼儿中，有一部分幼儿在图形识别方面表现出色，但在语言理解方面较为滞后，而另一部分幼儿则相反。

（二）个体差异分析

1. 图形识别能力

优秀表现：一部分幼儿在图形识别方面表现出色，能够快速准确地辨认各种形状和图案。

差异原因：这些幼儿可能受到了家庭环境中图形认知能力的培养，或者个人对视觉信息的敏感性较高。

举例：小明在评价中迅速辨认了各种复杂的图形，包括几何图形和生活中常见的图案。

2. 语言理解能力

差异表现：一部分幼儿在语言理解方面较为滞后，可能难以理解复杂的语句结构和抽象概念。

差异原因：这些幼儿可能缺乏语言环境的刺激，或者个体在语言神经发育上存在一定差异。

举例：小红在评价中对于一些含有比喻或者引申意义的语句理解较为困难。

（三）教育干预策略

1. 个性化教学

鉴于婴幼儿的个体差异，教育者可以有针对性地进行个性化教学：对于图形识别能力较强的婴幼儿，可以提供更高难度的图形认知任务；而对于语言理解能力较弱的婴幼儿，则可以采用图像辅助、故事情境等方式，提高其语言理解能力。

2. 家庭支持

鼓励家长在家庭环境中提供更多的语言刺激，例如阅读图画书、讲述故事，以及参与互动性强的语言游戏，促进婴幼儿的语言发展。

（四）案例结论

通过个体差异的分析，教育者能够更有针对性地进行干预和教学，满足婴幼儿个体差异化发展需求，促进其综合发展。

二、语言能力评价中的多元智能视角

在语言能力评价中，多元智能理论提供了一种全面了解婴幼儿语言发展的角度。以下案例分析将以多元智能为视角，深入研究儿童语言能力的个体差异。

（一）案例背景

一所托育机构进行了一次 2 岁幼儿的语言能力评价。评价内容包括口头表达、听力理解、语法运用等多个方面。在评价中，发现不同幼儿在不同的语言智能上有显著差异。

（二）多元智能分析

1. 语言智能

优秀表现：一部分幼儿在语言智能方面表现出色，擅长运用语言进行表达，有较强的词汇积累和句式构建能力。

差异原因：这些幼儿可能天生具备较高的语言智能，对语言信息的敏感性较高，容易模仿和学习新的语言表达方式。

举例：小雨能够用丰富的词汇描述周围的事物，并能够组织成流畅的语句表达自己的想法。

2. 音乐智能

差异表现：一部分幼儿在音乐智能方面表现突出，他们善于通过音乐节奏、音调等方式理解和模仿语言，具有良好的音乐耳朵。

差异原因：这些幼儿可能在音乐智能方面有天赋，能够通过音乐的方式更好地理解语言的韵律和语调。

举例：小明通过歌曲的旋律和节奏学会了很多词汇，能够用歌曲的方式进行语言表达。

（三）教育干预策略

1. 个性化语言教育

针对不同婴幼儿的多元智能特点，提供个性化的语言教育方案。对于语言智能较高的婴幼儿，可以提供更多的语法规则和复杂语句的学习；对于音乐智能较高的婴幼儿，则可以通过音乐启发，培养其语言的韵律感。

2. 跨学科教学

在教学中融入音乐、艺术等跨学科内容，促使婴幼儿通过多种智能角度来学习语言，拓展其语言认知的多样性。

（四）案例结论

通过多元智能视角的分析，教育者能够更好地发现婴幼儿的潜能和特长，采取个性化的教育策略，促进其语言能力的全面发展。

三、社交情感发展评价中的亲子关系影响因素分析

（一）案例背景

三岁幼儿小明在托育机构表现出明显的社交问题。他在集体活动中常常孤立自己，不愿与其他幼儿交往，也不善于表达自己的情感。在进行社交情感发展评价时，教育者注意到了与家庭亲子关系有关的因素。

（二）亲子关系影响因素分析

1. 亲子陪伴

小明在家中可能缺乏充足的陪伴时间，导致他在托育机构中更加依赖自我，难以与他人建立亲密关系。

2. 情感沟通

家庭中可能存在缺乏情感沟通的问题，小明可能未能学会有效地表达自己的情感，导致在社交场合显得拘谨和内向。

3. 家庭氛围

家庭中是否存在积极、温暖的氛围，对小明的社交情感发展有着重要影响。如果家庭氛围紧张或冷漠，小明可能缺乏安全感，难以在外部环境中建立信任感。

（三）教育干预策略

1. 亲子互动培养

教育者可以开展亲子活动，鼓励家长与孩子共度时间，增强亲子间的情感连接。这种活动可以包括亲子游戏、共读时间等，增进家庭成员间的亲密度。

2. 情感表达训练

在托育机构中，教育者可以开展情感表达训练，帮助小明学会用语言、肢体动作等方式表达自己的情感需求。通过角色扮演、绘画等活动，培养小明的情感表达能力。

3. 建立安全环境

在家庭和托育机构中共同建立安全、温馨的环境，让小明感受到家庭和托育机构都是他的安全港湾。在安全的环境中，小明可能更愿意与他人互动，建立信任关系。

（四）案例结论

通过分析亲子关系影响因素，采取有针对性的教育干预策略，可以帮助小明逐渐克服社交问题，建立起良好的亲子关系，促进他的社交情感发展。这个案例强调了家庭与托育机构合作，共同关心婴幼儿的社交情感发展，从而更好地引导婴幼儿健康成长。

四、动手能力评价中的婴幼儿参与度分析

（一）案例背景

在托育机构进行动手能力评价时，教育者注意到两岁幼儿小芳在动手活动中表现极为被动，她很少参与手工制作、搭积木等活动，总是坐在一旁静静地观察，不愿意尝试。

（二）参与度分析

1. 兴趣引导

可能是因为之前的经历或家庭环境，小芳对动手活动缺乏兴趣。在评价中，她表现出的被动态度可能是因为她没有找到自己喜欢的活动，也可能是因为她缺乏对材料和活动的探索欲望。

2. 自信心不足

小芳可能缺乏自信心，不相信自己能够完成某些动手活动。她可能害怕失败或

者害怕被他人评价，因此选择了回避。

3. 需求满足度

教育者需要了解小芳的基本需求是否得到满足。例如，她在活动中是否感到舒适、安全，是否有足够的空间和资源。如果这些基本需求得不到满足，她可能会表现出消极的态度。

（三）教育干预策略

1. 个性化引导

教育者可以尝试了解小芳的兴趣爱好，根据她的喜好提供相应的动手活动。可能她对某种材料或活动更感兴趣，通过个性化引导，可以增加她的参与度。

2. 鼓励与赞扬

当小芳参与动手活动时，教育者应该及时给予鼓励和赞扬，哪怕是她完成了小小的一部分。这种积极的反馈可以提高她的自信心，增加她参与的意愿。

3. 安全舒适的环境

确保活动环境安全、整洁、舒适，提供足够的支持和帮助。如果小芳感受到周围环境的温馨和支持，她可能更愿意参与动手活动。

（四）案例结论

通过参与度分析，并采取个性化引导、鼓励与赞扬、提供安全舒适环境等教育干预策略，可以促使小芳更好地参与到动手能力评价活动中，帮助她发展动手技能，增加自信心，培养积极参与的态度。这个案例突出了婴幼儿评价中个体差异的重要性，以及教育者在评价过程中的关键角色。

五、综合学习与发展评价：个体特长与发展需求的匹配

（一）案例背景

在一所托育机构中，教育者发现小明在音乐方面表现出色，对乐器和节奏有着强烈的兴趣和天赋。但在其他领域，他的学习兴趣相对较低，例如对图画和文字的兴趣较少。教育者希望能够在综合评价中更好地匹配小明的个体特长和发展需求。

（二）评价与干预措施

1. 制订个性化学习计划

针对小明的音乐天赋，教育者可以设计个性化的音乐教育计划，提供更多的音乐体验和乐器学习机会。丰富多样的音乐活动可以激发小明的学习兴趣，帮助他在音乐领域取得更好的发展。

2. 跨学科整合

教育者可以将音乐与其他学科进行整合，例如将音乐与数学、语言等相结合。通过音乐游戏中的计数，或者通过音乐歌谣来学习语言，从而拓宽小明的学习领域，增加他在其他方面的兴趣。

3. 家校合作

教育者可以与小明的家长进行沟通，了解家庭环境中对音乐的支持程度，并鼓励家长在家中为小明提供音乐学习的机会。家庭与托育机构的合作可以更好地促进小明的音乐发展。

4. 定期跟踪评估

教育者需要定期跟踪评估小明的音乐发展，了解他的进展和需求。根据评估结果，不断调整个性化学习计划，确保小明得到最适合他的教育。

（三）案例结论

通过个性化学习计划、跨学科整合、家校合作和定期跟踪评估等措施，教育者可以更好地匹配小明的个体特长和发展需求，帮助他在音乐领域发挥优势，同时促进他在其他领域的全面发展。这个案例强调了评价过程中需要充分考虑婴幼儿个体差异，以及通过个性化干预措施，帮助婴幼儿更好地学习与发展。

本章小结

本章围绕婴幼儿学习与发展评价体系展开，论述了婴幼儿学习与发展评价的意义、常用工具、案例分析三个方面。婴幼儿学习与发展评价是全面了解其在认知、情感、社交、身体等多方面发展的过程，目的在于了解个体差异，为个性化教育提供依据，帮助教育者和家长决策，促进婴幼儿全面发展。评价体系构建需要综合考量婴幼儿认知、语言、社交、身体运动等多方面指标，以全面了解其发展状态，为个性化教育和干预提供科学支撑。婴幼儿学习与发展对教育实践有多方面指导作用。通过确定个性化教育方向，可以满足个体需求，指导教育干预，及时解决发展问题，支持家庭教育，使家长能够有针对性地引导孩子，帮助婴幼儿照护人员调整教学方法、提高效果，并优化托育机构教育管理以提升教育质量和资源配置效率。在评价工具方面，定量评价工具如发育评估量表、认知能力测试可客观量化测量发展水平，而定性评价工具如观察记录法、访谈法、案例分析法则能更全面了解婴幼儿日常行为和情境表现。同时，评价中存在评价工具的选择、评价误差与可靠性、数据的分析解释、结果的合理性等问题，可通过综合比较、专家意见、培训评价者、建立评价体系、统计分析、深度解读、对比分析、多方确认等方法解决。此外，本章还通过认知、语言、社交情感、动手能力及综合学习与发展等方面的案例，展示了个体差异及相应教育干预策略，包括针对认知差异开展个性化教学，依据多元智能提供个性化语言教育，通过改善亲子关系促进社交情感发展，提高参与度，发展动手能力，匹配个体特长与需求促进全面发展。

同步练习

一、单选题

1. 婴幼儿学习与发展评价的目的是（　　）。

A. 了解个体差异　　B. 制订统一教学计划

C. 限制学习范围　　D. 评判家庭环境

2. 评价体系的构建要素（　　）。

A. 只包括认知能力　　B. 只包括身体发展

C. 包括认知、情感、社交等多个方面　　D. 只包括托育机构表现

3. 婴幼儿学习与发展评价中的技术性问题指的是（　　）。

A. 评价工具的价格　　B. 评价工具的准确性和可靠性

C. 评价工具的外观　　D. 评价工具的普及率

4. 个性化教育方向的确定是指（　　）。

A. 制定一套通用的教育方案

B. 根据婴幼儿个体特点制订个性化教育计划

C. 限制婴幼儿的学习范围

D. 忽视婴幼儿个体特点，只注重群体统一教学

5. 婴幼儿学习与发展评价中的多元智能视角是指（　　）。

A. 只关注智商　　B. 视多种智能为评价标准

C. 只关注数学和语言能力　　D. 只关注体育和艺术能力

二、简答题

1. 为什么个性化教育方向的确定在婴幼儿学习与发展评价中显得尤为重要？

2. 婴幼儿学习与发展评价中的“技术性问题”是指什么？请提供两种具体的解决方法。

3. 评价体系中的“综合性”指的是什么？为什么综合性在婴幼儿学习与发展评价中非常重要？

三、案例分析题

1. 请结合实际案例，描述一个关于婴幼儿学习与发展评价中遇到的技术性问题，并提出解决方案。

2. 以一个特殊需要婴幼儿为例，说明个性化教育方向的确定对于特殊需要婴幼儿的重要性，并描述一个成功的个性化教育案例。

3. 请描述一个综合学习与发展评价的案例，重点突出个体特长与发展需求的匹配，说明该匹配是如何实现的，并对这种个性化匹配的意义进行分析。

第十章 回应性照护与一日常规

学习目标

知识目标

1. 理解回应性照护的内涵和基本原则。

2. 掌握回应性照护在婴幼儿生活中的实际应用方法。

3. 了解托育机构一日生活常规的安排和制订活动计划的技巧。

4. 学习评价回应性照护和托育机构一日常规执行的方法。

能力目标

1. 能够设计并实施符合回应性照护原则的婴幼儿日常活动。

2. 具备观察和评估托育机构一日生活常规的能力，并提出改进建议。

3. 能够运用专业知识指导托育机构制定合理的一日生活常规。

素养目标

1. 培养对婴幼儿需求的敏感度，提高关心、尊重和回应婴幼儿的能力。

2. 培养分析和解决问题的能力，特别是在观察和评估托育机构一日常规时。

3. 增强跨领域合作的意识，能够与托育机构的工作人员和家长进行有效沟通，共同为婴幼儿提供良好的成长环境。

案例导入

在一家托育机构，保育员小丽每天都面临着各式各样的挑战。有的婴儿需要特殊的回应性照护，而一日生活常规的制定也在不断变化。今天，小丽发现对一些婴幼儿的回应性照护似乎不够到位，而且托育机构的一日常规并没有充分满足婴幼儿的需求。她开始思考，应该如何改进回应性照护，同时制定更合理的一日生活常规，以提供更好的服务。

问题：

1. 为什么一些婴幼儿的回应性照护不够到位？一线婴幼儿照护人员应该如何改进回应性照护，使每个婴幼儿都得到充分的关爱和回应？

2. 托育机构的一日常规在哪些方面存在不足？应该如何制定一套合理的一日生活常规，包括饮食、睡眠、游戏和学习等方面，以满足婴幼儿的生活需求和发展需求？

3. 应该如何评价回应性照护和托育机构的一日生活常规的执行情况？有哪些具体的评价标准和方法可以帮助了解服务的质量，以及需要进行哪些改进？

第一节　回应性照护的内涵及具体内容

回应性照护是一种基于婴幼儿需求、情感和信任关系的照护方式。它强调保育者（通常是父母或照顾者）对婴幼儿的敏感性和关爱，及时、恰当地回应婴幼儿的需求，建立安全、亲密的情感联系。在回应性照护中，保育者通过观察婴幼儿的身体语言、面部表情和声音等方式，了解他们的需求，提供温暖、安全的环境，并在婴幼儿出现生理和心理需求时，及时给予其关怀和回应，以建立起婴幼儿的信任、自信和安全感。

这种照护方式注重建立稳定的、持续的亲密关系，有助于婴幼儿身心健康的全面发展。通过回应性照护，婴幼儿能够建立起安全的依恋关系，培养积极的情感，促进认知、社交和情感能力的发展。这种照护方式在婴幼儿的早期发展中扮演着至关重要的角色，为他们的未来发展奠定了坚实的基础。

一、回应性照护的概念

回应性照护是指在婴幼儿成长过程中，保育者以敏感、耐心、理解和爱心，及时、恰当地满足婴幼儿的生理和情感需求，并与他们建立起亲密的情感联系。这种照护方式强调了保育者对婴幼儿行为和需求的观察、理解，以及在婴幼儿需要时给予恰当回应的能力。回应性照护是基于信任、尊重和爱的关系，有助于培养婴幼儿的安全感、信任感和自尊心，促进他们的身心健康和全面发展。

例如，当一个婴儿哭泣时，回应性照护的保育者会细心观察婴儿的表情和声音，尝试理解他们的需求，可能是饥饿、疲倦或者需要安慰。保育者会及时响应，给予喂奶、拥抱、摇动摇篮等满足需求的方法。通过这种回应性的互动，婴儿感受到保育者的关心和支持，建立起安全感，学会了表达需求的方式，同时也培养了信任感和依赖感。

回应性照护并不仅仅停留在满足基本生理需求上，还包括对婴幼儿情感需求的回应。比如，当婴幼儿渴望亲近时，保育者会给予拥抱和关爱，满足婴幼儿的安全感和依恋需求。这种有意识、耐心和理解的回应，为婴幼儿的心理健康和发展奠定了坚实的基础。

知识链接

回应性照护者需要具备的能力和素养

一、观察力与耐心

能够仔细观察婴幼儿的表情、动作和声音，了解他们的需求，并且具备足够的耐心等待和理解。例如，当婴幼儿哭泣时，合格的照护者会耐心观察哭声的音调和频率，尝试分辨出饥饿、困倦或需要拥抱的信号。

二、情感理解和共鸣

具备与婴幼儿建立情感连接的能力，理解他们的情感需求，能够以温暖和理解的方式回应。当婴幼儿因害怕而哭泣时，合格的照护者会用温柔的声音和抚摸来安抚婴幼儿，传递安全感，减轻婴幼儿的焦虑。

三、沟通和表达能力

能够用简单而明确的语言与婴幼儿进行沟通，以及用非语言方式传递关爱和安全感。当婴幼儿试图用眼神或动作表达需求时，合格的照护者会用轻柔的语言回应，同时用眼神和微笑传递亲近和理解。

四、自我调适能力

具备应对婴幼儿有需求时可能出现的压力和挑战的能力，能够保持冷静和耐心。当婴幼儿因为生病或不适而哭闹不止时，合格的照护者会保持冷静，寻找问题根源，并采取适当的措施，可能是去医院或调整环境，以确保婴幼儿的安全和舒适。

五、持续学习和适应能力

愿意不断学习新知识，适应婴幼儿不同阶段的需求，提升自身的照护技能。合格的照护者会参加育儿培训课程，阅读育儿书籍，了解最新的育儿知识，以更好地回应婴幼儿的需求。

二、回应性照护的重要性

回应性照护在婴幼儿早期发展中扮演着至关重要的角色。这种照护方式不仅仅是对婴幼儿生理需求的满足，更是对他们心理和情感需求的充分回应。以下将详细阐述回应性照护的重要性，并通过举例说明其在婴幼儿发展中的关键作用。

（一）建立安全依恋关系

回应性照护有助于婴幼儿建立安全的依恋关系。当照护者及时、恰当地满足婴幼儿的需求时，婴幼儿感受到被关心和被爱，从而建立起对世界的信任感和依恋感。这种安全依恋关系为婴幼儿提供了心理安全感，使他们能够更好地探索周围环境，建立起与他人的良好关系。比如，当婴儿哭泣时，母亲及时响应并抱起婴儿，婴儿感受到母亲的温暖，逐渐建立起对母亲的信任，形成安全的依恋关系。

（二）促进心智和感知发展

回应性照护对婴幼儿的心智和感知发展具有积极影响。及时的亲子互动和回应有助于婴幼儿建立起对世界的认知，丰富他们的感知体验。这种积极的互动促使婴幼儿探索世界，培养其好奇心和探究欲望，为其后期的学习和认知奠定基础。当婴儿用手触摸一件物品时，照护者可以陪伴婴儿一起观察、探索，引导婴儿用手触摸、用眼睛观察，从而促进婴儿的触觉和视觉发展。

（三）培养社交技能

回应性照护帮助婴幼儿建立起社交技能和情感表达能力。通过与照护者的互动，婴幼儿学会用眼神、声音、面部表情等方式进行情感表达，学会与人交往和沟通。这种社交技能的培养在婴幼儿成长过程中至关重要，影响着他们未来与他人互动的方式和质量。例如，当婴儿试图用笑容回应照护者的微笑时，照护者会积极回应，夸奖婴儿，鼓励婴儿继续进行积极的社交互动。

（四）形成健康的情绪调节能力

回应性照护有助于婴幼儿形成健康的情绪调节能力。当照护者能够理解婴幼儿的情感需求并作出适当回应时，婴幼儿学会了解自己的情感，学会了解与他人的情感交流。这种情感交流的经验有助于婴幼儿建立健康的情绪调节机制，培养积极的情感表达方式。例如，当婴儿因饥饿而哭泣时，母亲及时哺乳并安抚婴儿，婴儿感受到母亲的关爱，学会了解自己的需求，并且学会了用哭声表达需求。

（五）促进身体和脑部发育

回应性照护对婴幼儿的身体和脑部发育具有促进作用。在亲子互动的过程中，婴幼儿的大脑得到了充分的刺激，促使神经元的连接和发展。通过合适的身体接触，婴幼儿的身体也能够得到发展，例如通过拥抱、抚摸等方式。当照护者抱起婴儿并适当地轻拍和按摩时，这些身体接触不仅促进了婴儿的肌肉发育，也刺激了婴儿大脑的发展。回应性照护不仅仅是一种亲子互动方式，更是对婴幼儿生理和心理需求的积极回应。通过建立安全依恋关系、促进心智和感知发展、培养社交技能、形成健康的情绪调节能力以及促进身体和脑部发育等方面，回应性照护为婴幼儿的全面发展奠定了坚实基础。因此，家庭和托育机构都应该重视回应性照护的实施，为婴幼儿提供一个温暖、关爱和安全的成长环境。

三、回应性照护的基本原则

回应性照护的核心原则是在婴幼儿发出需求信号时，照护者能够及时、恰当地作出回应，满足婴幼儿的生理、心理和情感需求。以下是回应性照护的基本原则及案例。

（一）情感连接与信任建立

原则：通过建立亲密的情感连接和信任关系，婴幼儿能够感受到被关心、被爱的情感，从而建立起安全感和依恋关系。

案例：当婴儿因饥饿而哭泣时，母亲及时哺乳并与婴儿进行眼神交流，婴儿感受到母亲的关爱，建立起信任和依恋。

（二）恰当的生理需求满足

原则：回应性照护包括对婴幼儿的生理需求进行及时满足，以保证婴幼儿的身体舒适和健康。

案例：当婴儿因湿尿布而不适时，保育员及时更换干净的尿布，确保婴儿身体的清洁和舒适。

（三）尊重个体差异

原则：每个婴幼儿都是独特的个体，回应性照护应根据婴幼儿的个体差异（如性格、喜好等）制定个性化的回应策略。

案例：有些婴儿喜欢被轻轻摇晃入睡，有些婴儿则喜欢在摇篮中听轻柔的音乐入睡。照护者根据婴儿的喜好选择适当的方式，满足婴儿的入睡需求。

（四）理解情绪表达

原则：婴幼儿通过哭泣、表情等方式表达情绪，照护者应学会解读这些表达，并给予恰当的回应。

案例：当婴儿因为分离焦虑而哭泣时，照护者可以用柔和的声音安慰婴儿，并且逐渐延长分离时间，帮助婴儿适应分离。

（五）提供安全环境

原则：创造安全、稳定的环境，使婴幼儿感受到安全和保护，从而更好地探索和学习。

案例：在托儿所中，保育员提供安全的游戏区域，避免尖锐物品和危险玩具，确保婴幼儿在探索中不受伤害。

通过遵循这些基本原则，回应性照护不仅满足了婴幼儿的生理和心理需求，也为他们的全面发展打下了坚实的基础。

四、具体的回应性照护措施

（一）建立亲子互动时间

每天创造一段专属的亲子时间，参与婴幼儿的游戏、阅读或亲密肌肤接触，加强亲子情感连接。父母每天晚上花 20 分钟陪伴宝宝玩儿，参与游戏和亲密互动，提高宝宝的安全感。

（二）尊重婴幼儿的表达

学会解读婴幼儿的表达，包括哭声、面部表情和肢体动作，根据不同的表达提供相应的回应。当宝宝哭声表现出饥饿时，妈妈及时哺乳或提供奶瓶，尊重宝宝的饥饿表达。

（三）建立规律的作息时间

设立规律的作息时间表，包括喂奶、睡觉、游戏和洗澡等，使婴幼儿在预期的时刻得到回应和关心。每天早晨定时喂食，下午在规定时间进行游戏，晚上安排固定的入睡仪式，帮助宝宝建立作息规律。

（四）敏锐地观察和回应

照护者需要敏锐地观察婴幼儿的表现，例如是否出现不适或焦虑，及时作出回应。宝宝突然变得不安静，家长立即检查宝宝是否受凉，及时为宝宝加衣或提供温暖的环境。

（五）鼓励探索和自主性

提供安全的环境，鼓励宝宝自主探索，但同时保持在需要时提供支持和保护。宝宝开始学步时，家长在旁边提供支持，鼓励宝宝尝试走路，同时确保周围环境安全，防止宝宝摔倒。

（六）积极的言语和肢体互动

与宝宝进行积极的言语交流，使用温暖的语气，同时进行轻柔的触摸和拥抱，增加亲子之间的情感联系。父母与宝宝进行眼神交流，用柔和的语调说话，同时轻抚宝宝的背部，传递安全和温暖的信息。

通过这些家庭中的回应性照护举措和方法，宝宝在家庭中能够得到充分的关爱、安全感和信任，这有助于他们健康、快乐地成长。

知识链接

回应性照护的动作和方法

1. 个体化关怀：了解每个婴幼儿的个性、需求和喜好，为每个孩子提供个性化的关怀和回应。

2. 安全依恋关系：帮助婴幼儿建立安全的依恋关系，给予他们安全感，使他们在托育环境中感到被信任和被关心。

3. 情感沟通：用温暖的语言、笑容和肢体语言与婴幼儿进行有效的情感沟通，鼓励他们表达自己的情感和需求。

4. 情绪支持：在婴幼儿情绪波动较大时，提供安慰和支持，鼓励他们表达情感，同时教导他们适当的情绪调节方法。

5. 积极参与：与婴幼儿积极互动，参与他们的游戏和活动，增强亲子之间的情感联系，鼓励婴幼儿参与集体活动。

6. 充分观察：仔细观察婴幼儿的需求和行为，及时回应他们的信号，确保婴幼儿的安全和舒适。

7. 启发性引导：通过启发性的引导和提问，激发婴幼儿的兴趣，引导他们进行探索和学习。

8. 鼓励自主性：提供适当的环境，鼓励婴幼儿自主选择和探索，促使他们发展自主性和独立性。

9. 定期沟通：与家长定期沟通，了解婴幼儿在家庭中的情况，保持家园合作，共同为婴幼儿提供良好的成长环境。

以上这些措施有助于在托育机构中建立安全、温暖的环境，使婴幼儿在托育过程中得到充分的关心和支持，有助于他们的身心健康和全面发展。

第二节 回应性照护的实施与评价

一、回应性照护在实际生活中的应用

回应性照护在实际生活中的应用涵盖多个方面，从日常护理到心理支持，都需要回应性照护的原则来指导。以下是回应性照护在实际生活中的应用方面的详细说明。

（一）日常生活照顾

在日常生活中，回应性照护意味着提供个性化的护理，例如根据婴幼儿的喜好和需求来安排饮食、睡眠和卫生习惯。比如：了解婴幼儿喜欢的食物，制订合理的饮食计划；在睡眠安排上考虑到每个婴幼儿的习惯，提供舒适的睡眠环境。

（二）情感支持

回应性照护注重与婴幼儿建立亲密的情感联系。在实际生活中，这意味着给予婴幼儿足够的关爱和陪伴，倾听他们的需求和感受，回应他们的情感表达。比如，当婴幼儿情绪低落时，给予其安慰和支持，帮助他们理解和处理情绪。

（三）教育和启发

回应性照护也包括教育和启发婴幼儿。在实际生活中，这可以通过启发性的游戏和活动来实现，激发婴幼儿的好奇心和学习兴趣。比如，提供具有启发性的玩具和教具，组织富有创意性的游戏活动，鼓励婴幼儿参与探究性的学习。

（四）冲突解决

在托育环境中，婴幼儿之间或者婴幼儿与成人之间的冲突是难免的。回应性照护包括帮助婴幼儿学会冲突解决的技巧，鼓励他们理性沟通，尊重彼此的意见，学会妥善处理冲突。

（五）家园合作

回应性照护也需要托育人员与家长进行紧密合作，及时与家长交流婴幼儿在托育机构的表现和需求，听取家长的建议和意见，共同制订婴幼儿的照护计划，确保家庭和托育机构之间的信息畅通。

（六）培养自主性

回应性照护鼓励婴幼儿的自主性。在实际生活中，托育人员可以提供一些自主选择的机会，例如让婴幼儿选择玩什么游戏、读什么书，培养他们的自主决策能力。

通过这些应用，婴幼儿可以在温暖、关爱的环境中茁壮成长，同时也培养了他们的自主性、社交能力和问题解决能力。

二、回应性照护的定量和定性评价方法

回应性照护的评价既可以采用定量评价方法，也可以采用定性评价方法。下面分别介绍这两种方法的特点和具体应用。

（一）定量评价方法

1. 问卷调查

利用结构化问卷，向家长、婴幼儿照护人员等相关人员提问，评估婴幼儿在托育环境中的感受和体验。问卷通常包括婴幼儿的行为、情感反应等方面的评价项。

2. 观察量表

观察婴幼儿在特定情境下的行为表现，例如与其他婴幼儿的互动、冲突解决能力等。通过观察，使用预先设计的量表来记录婴幼儿的行为，然后进行定量分析。

3. 行为记录

观察婴幼儿的特定行为，例如合作、分享、冲突处理等，通过记录行为的次数、持续时间等，进行定量分析。

4. 生理指标

心率、皮肤温度等生理指标，可以作为婴幼儿情绪状态的定量衡量标准。

（二）定性评价方法

1. 深度访谈

与婴幼儿、家长、婴幼儿照护人员进行深度访谈，探究他们的真实感受和看法。访谈内容可以包括婴幼儿的情感体验、学习习惯等，通过主观描述进行定性分析。

2. 焦点小组讨论

邀请一组相关人员，如婴幼儿照护人员、家长、婴幼儿等，进行小组讨论，探讨回应性照护的具体情境、案例等。通过小组讨论，收集多角度的定性数据。

3. 案例研究

选择具体的个案，深入研究婴幼儿在回应性照护环境中的生活经历。通过详细记录和分析个案，获取深层次的定性信息。

4. 观察法

观察婴幼儿在特定情境下的行为和互动，例如在玩耍、学习、冲突解决等方面的表现。通过观察，进行定性描述和分析。

（三）定量评价方法与定性评价方法结合使用

定量评价方法和定性评价方法在研究回应性照护时可以结合使用，这种方法被称为“多方法论”或“混合方法研究”。通过定量评价方法与定性评价方法相结合，研究者可以从不同的角度深入了解回应性照护的实施和效果，使研究更加全面和深入。定量评价方法提供了具体的数字和统计结果，揭示了回应性照护的普遍趋势和规律，例如某种行为的频率、持续时间等，而定性评价方法则能够深入挖掘参与者的观念、感受、态度，为定量数据提供背后的解释和意义。定量数据可以通过定性数据的解释进行更深层次的验证。例如，定量调查显示某种回应性照护方法在大多数婴幼儿中有效，而定性访谈则可以解释为什么这种方法在某些特定情境下更为有效，从而丰富了研究结论的解释力度。定量评价方法和定性评价方法相结合可以避免单一方法可能带来的偏见，使研究更具信度和效度。综合定量和定性数据，研究者可以得出更全面、深入的结论，为回应性照护的实践提供更有力的指导。

对回应性照护的过程和结果进行评价，可以帮助提供回应性照护服务的机构和个人了解他们的服务质量，找出问题和改进的空间。通过评价，可以及时发现并解决服务中可能存在的不足，从而提高服务质量。同时，回应性照护的质量直接关系到婴幼儿的健康、安全和幸福。通过评价，可以确保提供给婴幼儿的照护是安全、健康、合适的，有助于他们的身心发展。

评价结果可以为提供照护服务的人员提供指导和建议。了解回应性照护的效果，可以为提供者提供改进的方向，例如改进互动方式、提高教育质量等。通过对回应性照护的评价，可以得出一些成功的实践经验和标准，有助于制定更科学、更合理的照护标准和指南，提高整个行业的服务水平。所以说，对回应性照护的过程和结果进行评价是确保服务质量、保障婴幼儿权益、指导实践和支持决策的重要手段。

三、改进回应性照护的实践

（一）父母改进回应性照护实践的措施

要改进回应性照护实践，父母可以采取以下措施：

（1）调查和评估托育机构：父母可以首先调查附近的托育机构，了解其提供的回应性照护服务；询问其他家长的意见，查看机构的评价和许可证信息。

（2）面试潜在的照护者：父母可以与潜在的照护者进行面试，了解他们的背景、经验和教育水平，重点询问他们如何提供回应性照护服务。

（3）观察互动：当孩子在托育机构时，父母可以观察照护者和孩子之间的互动，看看是否有积极的沟通、关注和亲密的关系。

（4）建立沟通：父母可以与托育人员建立良好的沟通，确保信息的互相传递；与托育人员分享孩子的需求、喜好和特殊关注事项。

（5）参与：父母可以参与孩子的生活，例如参加托育机构的亲子活动，积极与孩子交流，了解他们的需求和感受。

（二）托育机构改进回应性照护实践的措施

托育机构可以从以下方面改进回应性照护实践的措施：

（1）培训和教育：提供员工培训，使他们了解回应性照护的重要性和实施方法。员工需要了解婴幼儿的需求，如情感、安全和发展。

（2）制定政策：制定机构内的政策，明确回应性照护的原则和实施细则，确保所有工作人员都遵循这些政策。

（3）监督和评估：确保机构对照护者的互动进行监督和评估，以确保他们提供回应性照护服务；建立定期的反馈和评估机制。

（4）支持员工：提供员工支持和辅导，鼓励积极互动和关怀；培养员工的沟通和情感智力。

（5）与家长合作：与家长建立积极的伙伴关系，分享婴幼儿的需求和进展；确保信息的互相传递，使孩子在家庭和托育机构之间获得连续的回应性照护。

通过这些措施，父母和托育机构可以共同努力，改进回应性照护实践，确保婴幼儿得到最佳的关心和支持。

第三节 托育机构一日生活常规安排

一、一日常规的定义和重要性

（一）一日常规的定义

一日常规即托育机构一日生活常规安排，是指在托育机构内，针对婴幼儿的日常活动、学习和休息等方面所制订的一套有条不紊的计划和安排。这些活动包括但不限于饮食安排、游戏时间、学习活动、午休时间、个人卫生习惯的培养等。这样的日常安排不仅仅是简单的时间分配，更是为了满足婴幼儿在身体、智力和情感等方面的需求，促使他们在安全、有序、温馨的环境中健康成长。

（二）一日常规的重要性

建立科学有序的一日生活常规安排，对于婴幼儿的早期成长与发展至关重要。

1. 稳定感和安全感

一日常规能为婴幼儿提供稳定的生活环境和日常活动，增加他们的安全感和稳定感。例如，在托育机构中，婴幼儿每天早晨到托育机构后，都能按时参与早餐时间。这个固定的活动让婴幼儿建立了在这个环境中的安全感，他知道早晨到了托育机构就会有美味的早餐等着他。

2. 生活习惯养成

规律的日常活动有助于培养婴幼儿的生活习惯，如定时吃饭、定时午休等，帮助他们养成良好的生活习惯。在托育机构中，每天的午睡时间都是按照婴幼儿的生物钟来安排的。久而久之，婴幼儿养成了按时午休的习惯，这种规律性的生活习惯在日常生活中也得到了延续。

3. 学习和发展

通过合理的活动安排，婴幼儿可以参与各种学习和发展活动，促使他们在各个方面得到全面发展，包括认知、语言、运动等。托育机构每天都为婴幼儿准备了丰富的学习活动。例如，在一个认知发展的活动中，婴幼儿照护人员使用了互动式故事书，激发了孩子们的兴趣，帮助他们学会了新的词语和概念。

4. 社交能力

定期的社交活动和合作游戏有助于婴幼儿培养社交能力，学会与他人合作、分享和交流。在托育机构的合作游戏中，孩子们一起进行团队建设活动。他们一起解决问题、分享玩具。通过合作游戏，孩子们学会了与他人合作，增强了他们的社交技能。

5. 减少焦虑

稳定的日常生活安排可以减少婴幼儿的焦虑感，提高他们的心理健康水平。例如，在托育机构中，婴幼儿照护人员定期开展情感交流活动，让孩子们分享自己的感受。这样的活动能够帮助孩子们缓解焦虑，提高情绪稳定性。

稳定的一日生活常规对婴幼儿的各方面发展起到了积极的促进作用。通过规律的生活，婴幼儿建立了安全感和信任感，养成了良好的生活习惯，学到了知识和技能，培养了社交能力，减少了焦虑感，为他们健康、快乐地成长提供了有力的保障。

二、托育机构的一日常规安排

在制定一日生活常规时，需要根据婴幼儿的年龄特点、兴趣爱好、身体状况等因素进行个性化的安排，保证他们在健康、快乐、有趣的环境中成长。这样的一日生活常规不仅能够满足婴幼儿的需求，还能够为他们的全面发展提供坚实的基础。

（1）在设计乳儿班的一日常规时，托育机构需要特别注意婴儿的生理和心理特点，提供安全、舒适、温馨的环境，满足婴儿的基本需求，促进其身心健康和综合发展。

实操案例

乳儿班一日常规

早晨：

8:00—9:00：欢迎活动和早餐时间

欢迎活动：婴幼儿照护人员与婴儿互动，促进情感交流。

早餐时间：为婴儿提供适当的辅食，婴幼儿照护人员和辅导员协助婴儿就餐。

上午：

9:00—10:30：游戏和探索时间

自由游戏：提供安全的玩具，鼓励婴儿自主探索。

感觉发展活动：使用丰富的感官玩具，促进婴儿的感知发展。

社交互动：婴幼儿照护人员引导婴儿与其他小朋友进行互动，培养社交能力。

中午：

11:00—11:30：午餐和午休准备

午餐时间：提供营养均衡的餐食，辅导员协助婴儿用餐。

午休准备：为婴儿提供舒适的床位，播放柔和的音乐，为婴儿创造安静的午休环境。

下午：

3:00—4:30：创意活动和自由游戏

创意活动：进行简单的手工艺和涂鸦活动，促进婴儿创造力和想象力的发展。

自由游戏：提供各种安全玩具，鼓励婴儿自由游戏，发展运动技能。

傍晚：

4:30—5:00：小组活动和洗漱准备

小组活动：分组进行轻松的音乐活动或讲简单的故事，促进团队合作和语言发展。

洗漱准备：为婴儿提供洗脸、换尿布等基本护理，为回家做好准备。

晚上：

5:00—6:00：家长接送时间和告别活动

家长接送时间：与家长亲切交流，分享婴儿的日常表现和进展。

告别活动：进行简短的告别活动，让婴儿在愉快的氛围中与婴幼儿照护人员和小伙伴告别。

通过以上的一日常规，乳儿班在满足基本生活需求的同时，注重婴儿的感知发展、社交互动、创意和想象力的培养，为婴儿提供了丰富多样的体验，促进了其综合发展。

（2）托育机构托小班的一日常规设计需要特别注意满足幼儿的基本需求，促进他们的身体、智力和情感发展。

实操案例

托小班一日常规

早晨活动（8:00—9:00）

晨间活动：欢迎活动，例如合唱歌曲或说早安，建立愉快的氛围。

自由活动时间：提供各种玩具和材料，鼓励幼儿进行自由探索和互动。

手工艺活动：进行简单的手工艺活动，如涂鸦、剪纸等，促进手眼协调和创造力的发展。

上午活动（9:00—11:00）

学习时间：进行简单的认知活动，例如认识形状、颜色、数字，或者听故事。

户外活动：在安全的户外环境中进行户外游戏，如在花园玩耍，锻炼大肌肉运动能力。

小组活动：分成小组进行集体游戏或合作活动，培养团队合作和社交技能。

午餐和休息时间（11:00—2:30）

午餐时间：提供健康均衡的午餐，鼓励幼儿自主用餐，培养其自理能力。

午休时间：为幼儿提供午休环境，提供舒适的床铺，播放轻柔音乐，促使幼儿休息。

下午活动（3:00—4:00）

创意活动：进行绘画、手工制作等创意活动，发展幼儿的想象力和艺术表现能力。

科学与探索：进行简单的科学实验或探索活动，如水中浮沉实验，激发幼儿的好奇心。

音乐和舞蹈：开展音乐和舞蹈活动，促进幼儿的音乐感知和动作协调能力。

下午茶时间及自由活动（4:00—5:00）

下午茶时间：提供健康的点心和饮品，培养幼儿的饮食习惯。

自由活动：提供各种玩具和游戏，让幼儿自由选择活动，进行自主游戏和互动。

傍晚活动（5:00—6:00）

故事时间：播放或讲述适合年龄的故事，培养幼儿的语言能力。

室内活动：进行室内小游戏，如传球游戏或简单的角色扮演，促进幼儿的社交互动和团队合作。

家庭接送：与家长沟通当天的活动和幼儿的表现，确保接送过程顺利。

以上活动设计考虑到了托小班幼儿的年龄特点和发展需求，通过多样化的活动内容，促进了他们的身体、智力和社交能力的全面发展。

（3）托育机构托大班的一日常规设计需要更加注重幼儿的社交能力培养和基本生活自理能力的发展。以下是一个托大班的一日常规范例。与托小班相比，托大班的一日常规更加注重幼儿社交和生活技能的培养。

实操案例

托大班一日常规

早晨活动（8:00—9:00）

晨间欢迎活动：用欢快的音乐迎接孩子们，建立愉快的氛围。

自由游戏时间：提供各种玩具和游戏，鼓励幼儿自由游戏和互动，培养社交技能。

环保手工制作：进行简单的环保手工制作，如利用废物制作简易玩具，培养幼儿的创造力和环保意识。

上午（9:00—11:00）

社交游戏时间：进行社交游戏，如角色扮演、集体游戏等，促进幼儿社交技能和合作能力。

语言发展时间：进行简单的语言启蒙活动，如词汇游戏、儿歌唱跳，促进语言发展。

室内运动时间：在安全的环境下进行室内活动，如室内追逐游戏、简单的健身操等，锻炼大肌肉运动能力。

午餐和休息时间（11:00—2:00）

午餐时间：提供适宜 2 ～ 3 岁幼儿的健康饮食，鼓励幼儿自主用餐，培养自理能力。

午休时间：提供舒适的休息环境，放轻松的音乐，让幼儿休息，保障午休时间。

下午活动（2:00—3:00）

创意艺术时间：进行涂鸦、手工制作等创意艺术活动，培养幼儿的艺术兴趣和创造力。

水域游戏时间：在安全的水域环境下进行水中游戏，锻炼幼儿的水性和运动能力。

下午茶时间及自由游戏时间（3:00—4:00）

下午茶时间：提供均衡的点心和饮品，鼓励幼儿自主选择，培养饮食习惯。

自由游戏：提供多种游戏和玩具，让幼儿自由选择活动，进行自主游戏和互动。

傍晚活动（4:00—6:00）

故事时间：讲述或播放适合年龄的故事，培养幼儿的听力和想象能力。

室外活动：进行安全的户外活动，如在花园进行游戏，锻炼大肌肉运动能力。

家长接送时间：与家长沟通当天的活动和幼儿的表现，确保接送过程顺利。

以上活动设计充分考虑到托大班幼儿的社交需求和生活自理能力的培养，通过多样化的活动内容，促进他们的身体、智力和社交能力的全面发展。

第四节 托育机构一日生活常规观察与评价

一、观察托育机构的一日常规执行

观察托育机构的一日常规的执行情况是非常重要的，它可以帮助家长评估托育机构的质量和婴幼儿在托育机构的生活体验。以下是观察托育机构一日常规执行情况的方法：

（1）定期观察和参观：不仅仅是初次选择托育机构时要参观，家长可以定期去托育机构，观察婴幼儿在各个时间段的活动，看是否按照规定的时间表进行。

（2）与婴幼儿互动观察：家长可以和托育机构的工作人员互动，了解他们对一日常规的执行情况的看法，也可以和其他家长交流，了解他们的意见和体验。

（3）观察婴幼儿的情绪和行为：家长可以观察婴幼儿在托育机构的表现，包括是否积极地参与活动、是否有愉快的情绪、是否和其他婴幼儿友好互动等。

（4）注意安全和卫生：家长可以观察托育机构的安全措施和卫生状况，包括场地是否整洁、玩具是否安全、饮食是否卫生等。

（5）和托育机构沟通：家长可以和托育机构的管理人员和婴幼儿照护人员进行定期的沟通，了解他们对一日常规执行情况的反馈，看是否有需要改进的地方。

（6）查阅记录和报告：托育机构通常会记录婴幼儿的活动、饮食、睡眠等情况，家长可以查阅这些记录，了解婴幼儿的一日生活情况。

（7）观察特殊活动：如果托育机构有特殊活动，比如户外郊游、园区活动等，家长可以参加或观察，了解婴幼儿在这些特殊活动中的表现。

通过以上观察方法，家长可以全面了解托育机构的一日常规执行情况，确保婴幼儿在托育机构得到安全、健康、快乐的成长体验。

托育机构的管理者也要注意观察机构一日常规的执行情况，这是确保机构运营顺利、提供高质量服务的关键。以下是托育机构管理者观察一日常规执行情况的方法：

（1）定期巡视和检查：管理者可以定期巡视托育场所，检查各区域的整洁度、安全措施、玩具设施的状况等，确保环境干净、整洁，符合卫生标准和安全要求。

（2）监督活动安排：管理者应确保托育机构按照制定的日常活动计划执行活动；观察活动的多样性、充实度和适宜性，确保婴幼儿在各个领域都能得到发展。

（3）观察师生互动：管理者可以观察婴幼儿照护人员和婴幼儿之间的互动，包括语言沟通、情感交流、教育引导等，确保师生关系良好，师生互信互敬。

（4）查阅记录和报告：管理者应定期查阅婴幼儿照护人员的记录和报告，了解婴幼儿的日常表现、学习进展、饮食习惯等。这些记录可以帮助管理者了解每个婴幼儿的个性和需求。

（5）与婴幼儿照护人员沟通：管理者应经常与婴幼儿照护人员进行面对面交流，了解他们的工作情况、遇到的问题和需求；鼓励婴幼儿照护人员提出建议，共同改进教学质量。

（6）接触家长：管理者应与家长保持良好的沟通，了解他们对托育服务的期望和反馈。家长的意见可以作为改进服务的重要参考。

（7）参与特殊活动：如果托育机构有特殊活动或庆祝活动，管理者可以积极参与，观察活动的组织情况和婴幼儿的参与度。

通过以上观察方法，管理者可以全面了解托育机构的日常运营情况，及时发现问题并采取措施，确保提供高质量的托育服务。

二、制定评价方法和工具

制定评价方法和工具是确保托育机构一日常规完成情况的有效评估的关键。以下是制定评价方法和工具的步骤：

（1）确定评价目标：明确评价的目标，例如提高教育质量、满足家长需求、促进婴幼儿全面发展等。明确评价目标有助于确定评价方法和指标。

（2）制定评价指标：根据评价目标，制定具体的评价指标，例如婴幼儿参与度、婴幼儿照护人员指导质量、家长满意度等。评价指标应该具体、明确、可量化，便于观察和记录。

（3）选择评价方法：根据评价指标选择合适的评价方法，包括定量方法（如问卷调查、观察记录统计等）和定性方法（如访谈、焦点小组讨论等）。综合使用不同的方法可以得到更全面的评价结果。

（4）制定评价工具：根据评价方法设计相应的评价工具，例如问卷调查表、观察记录表、访谈提纲等。评价工具应该简洁明了，便于被评价对象填写或者观察员使用。

（5）试行和修改：在正式使用评价工具之前，可以进行试行。根据试行结果，修正和改进评价工具，确保其准确性和有效性。

（6）数据收集和分析：使用制定好的评价工具，进行数据的收集。收集到的数据可以进行统计和分析，以便得出客观、准确的评价结果。

（7）结果反馈和改进：将评价结果及时反馈给托育机构的管理者、婴幼儿照护人员和家长。根据评价结果，确定改进措施和计划，持续改进托育服务的质量。

通过以上步骤，托育机构可以建立起科学、系统的评价体系，不断提高一日常规的质量，确保婴幼儿得到安全、健康、快乐的成长环境。

三、改进和优化托育机构的一日常规

改进和优化托育机构的一日常规至关重要。首先，通过提供更贴心、个性化的服务，托育机构能够提供更好的服务质量，满足婴幼儿和家长的需求。其次，多样化的学习和发展机会促使婴幼儿在身体、智力、情感和社交等多个方面得到全面发展。同时，提供高质量的照护和教育增加了家长对托育机构的信任和满意度，提高了家长的选择信心。优质的一日常规不仅提高了托育机构的竞争力，增加了入园率，也提高了婴幼儿和家庭的幸福感，提升了生活质量。此外，随着社会需求和家庭需求的不断变化，不断改进一日常规使托育机构能够适应社会发展和家庭需求的变化，保持竞争力。因此，改进和优化托育机构的一日常规不仅符合社会需求和发展趋势，也是提高服务质量、满足家庭需求、促进婴幼儿健康成长的必要举措。改进和优化托育机构的一日常规需要综合考虑婴幼儿的需求、家长的期望和教育目标。

以下是一些改进和优化托育机构一日常规的具体策略：

（1）制定清晰的规章制度：确定明确的一日常规，并将其转化为具体的规章制度，确保每位工作人员都明白自己的职责和任务。

（2）提供个性化的照护：根据不同婴幼儿的需求，提供个性化的照护，包括饮食、睡眠、游戏等方面，以确保每个婴幼儿都得到充分的关爱和关注。

（3）加强婴幼儿照护人员培训：提供系统的培训，使婴幼儿照护人员了解最新的教育理念和方法，提高他们的教育水平和服务质量。

（4）提供丰富的活动和资源：设计多样化的活动，包括游戏、艺术、音乐等，提供丰富的学习资源，激发婴幼儿的兴趣和创造力。

（5）加强家园合作：与家长保持良好的沟通，了解家长的期望和需求，根据家长的反馈调整一日常规，形成家园共育的良好氛围。

（6）确保安全和卫生：加强安全和卫生管理，定期进行安全检查，确保托育环境的安全和卫生，保障婴幼儿的健康。

（7）持续改进和创新：定期进行评估和改进，根据评估结果调整一日常规，引入新的教育活动和方法，保持托育服务的创新性。

（8）提供良好的沟通机制：建立起婴幼儿、家长和婴幼儿照护人员之间的良好沟通机制，鼓励交流和互动，增强信任感，形成良好的教育氛围。

通过以上策略的综合运用，托育机构可以不断改进和优化一日常规，提供更高质量的托育服务，促进婴幼儿的全面发展。

本章小结

本章深入探讨了回应性照护与一日常规在婴幼儿发展中的关键作用。首先，本章详细解释了回应性照护的概念和基本原则，并通过实际案例说明了合格的回应性照护者需具备的能力和素养，强调了关注婴幼儿的需求和个性，建立亲密关系的重要性。其次，本章强调了回应性照护在家庭环境中和在托育机构中的重大意义。实际案例展示了回应性照护如何促进婴幼儿发展和改善家庭关系。再次，本章阐述了在托育机构中一日常规的制定和执行，强调了根据不同年龄段婴幼儿的需求定制个性化计划的必要性，以具体示例展示了乳儿班、托小班和托大班的一日常规设计。随后，本章详细讨论了评价一日常规的方法和工具，包括定量评价方法和定性评价方法的结合使用，以及评价的目的和必要性。最后，本章总结了改进和优化托育机构一日常规的策略，强调了其对提高服务质量、满足家庭需求、促进婴幼儿健康成长的重要性。这些内容全面地揭示了回应性照护和一日常规在婴幼儿教育中的关键作用，为托育机构的提升提供了有益的指导。

同步练习

一、选择题

1. 回应性照护的核心理念是（　　）。

A. 仅仅满足婴幼儿的基本需求　　B. 关注婴幼儿的需求，建立亲密关系

C. 提供足够的玩具和游戏　　D. 强调纪律和规则的制定

2.（　　）是回应性照护的主要原则之一。

A. 忽视婴幼儿的需求，让其自行解决问题

B. 保持冷静，不过多干预婴幼儿的行为

C. 关注婴幼儿的情感需求，提供温暖、安全和安心的环境

D. 强制婴幼儿适应固定的作息时间

3. 评价一日常规的方法中，（　　）属于定性评价方法。

A. 记录婴幼儿每日的进食量和睡眠时间

B. 通过问卷调查了解家长对托育机构一日常规安排的满意度

C. 使用体格生长曲线分析婴幼儿的生长发育情况

D. 记录婴幼儿在托育机构中的行为和情绪变化

4. 托育机构的一日常规安排应该（　　）。

A. 仅仅考虑婴幼儿的生理需求

B. 固定不变，不需要根据婴幼儿的年龄段做调整

C. 根据婴幼儿的年龄、兴趣和需求进行个性化设计

D. 依赖家长的要求来制定

5.（　　）可以视为回应性照护的成功实践。

A. 强制婴幼儿适应机构的规则和时间表

B. 婴幼儿在托育机构中表现出安全感、信任感和愉快的情绪

C. 忽视婴幼儿的需求，让其自行解决问题

D. 仅仅满足婴幼儿的基本生理需求

二、简答题

1. 为什么回应性照护在婴幼儿发展中非常重要？请至少说出三条理由。

2. 在托育机构的一日常规中，如何根据不同年龄段的婴幼儿制定个性化的安排？请提供具体的方法和实例。

3. 评价一日常规的方法有哪些？请分别介绍定量和定性方法，并说明它们的优势和局限性。

三、案例分析题

1. 小明是一个 18 个月大的孩子，刚刚开始在托育机构接受照护。他常常哭闹，难以适应新环境。请提供至少三种回应性照护的方法，帮助小明适应托育环境。

2. 请设计一个托育机构托小班（1～2 岁）的一日常规，包括活动安排、用餐时间、休息时间等。要考虑到儿童的生理和心理需求，并提供详细的时间表和活动描述。

3. 如果你是一名在托育机构实习的托育或早教专业的学生，你注意到有一名婴儿一直在哭泣，而工作人员似乎没有太多的回应。你也发现婴儿的日常生活似乎缺乏明确的常规和活动计划，这引发了你的担忧。你认为回应性照护对婴儿的情感发展有什么重要作用？如何可以在这个情境中应用回应性照护原则来安抚这名哭泣的婴儿？

参考文献

［1］王廷琼，雷艳琴．美国各州0～3岁婴幼儿学习与发展标准的内容分析：基于数学领域之模式子领域［J］．吉林省教育学院学报（中旬），2015，31（1）：18-20．

［2］张和颐，洪秀敏．家庭认知环境与0～3岁婴幼儿发展的关系：有调节的中介效应［J］．心理发展与教育，2022，38（2）：178-185．

［3］吴利，王淮燕，李玖玲，等．贝利婴幼儿发展量表（第3版）在筛查测试婴幼儿认知发育中的应用［J］．实用临床医药杂志，2021，25（3）：33-35．

［4］华红艳．皮亚杰关于学前儿童科学概念、客体关系认识发展的研究及教育启示［J］．教育与教学研究，2022，36（4）：15-27．

［5］Kevin H．A Theory of Human Motivation by Abraham H．Maslow．［J］．The British journal of psychiatry，2016，208（4）：313．

［6］彭聃龄．普通心理学［M］．北京：北京师范大学出版社，2003．

［7］荫士安．中国婴幼儿的生长发育与辅食添加现状［J］．中国儿童保健杂志，2004，（12）6：509-511．

［8］李玲．城市0～3岁婴幼儿隔代与亲代联合教养冲突研究［D］．重庆师范大学，2019．

［9］张琨．城市家庭早期教养需求差异及有效供给研究［D］．辽宁师范大学，2021．

［10］王玉英，司向，于冬梅，等．利用2021年世界卫生组织新指标评价中国婴幼儿喂养状况［J］．卫生研究，2021，50（6）：882-886．

［11］黄楹，张海峰，童连．婴幼儿回应性照护评价量表的初步编制与评价［J］．

中国儿童保健杂志，2022，30（4）：386-391.

［12］高琛卓，杨雪燕，井文. 城市父母对0～3岁婴幼儿托育服务的需求偏好：基于选择实验法的实证分析［J］. 人口研究，2020，44（1）：85-98.

［13］冯丽娜. 西方发达国家0～3岁婴幼儿课程研究综述［J］. 新课程（中旬），2014，（3）：176-177.

［14］蔡全玲，周冬霞，詹书航. 城市0～3岁婴幼儿托育机构发展现状研究：以湖北省为例［J］. 荆楚学刊，2020，21（4）：88-96.

［15］李文文. 早期教育专业人才培养策略探究：基于托育机构对早期教育专业人才培养的需求分析［J］. 创新创业理论研究与实践，2021，4（17）：129-131.